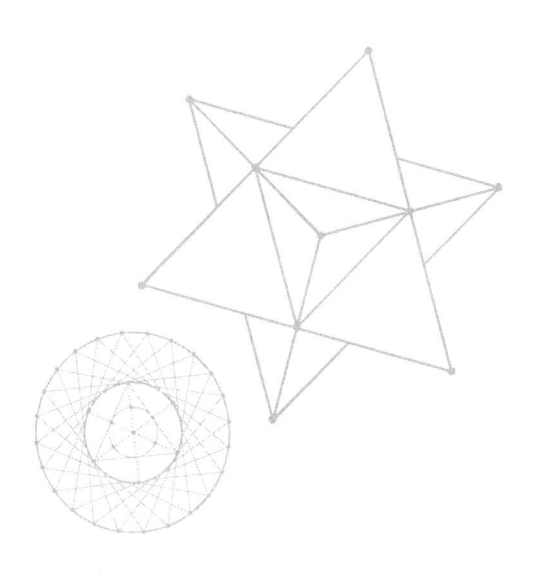

项目管理入门

习得管理心法 达成项目目标

郝旭烈 —— 著

北京时代华文书局

图书在版编目（CIP）数据

项目管理入门 / 郝旭烈著 . -- 北京 : 北京时代华文书局 , 2024.4
ISBN 978-7-5699-5022-9

Ⅰ.①项… Ⅱ.①郝… Ⅲ.①项目管理－基本知识Ⅳ.① F27

中国国家版本馆 CIP 数据核字 (2023) 第 155886 号

版权所有 © 郝旭烈。
本书经由商业周刊授权北京时代华文书局有限公司出版简体中文版，委任 Andrew Nurnberg Associates International Limited 代理授权。
非经书面同意，不得以任何形式任意重制、转载。

北京市版权局著作权合同登记号　图字：01-2022-3806

XIANGMU GUANLI RUMEN

出　版　人：陈　涛
策划编辑：周　磊
责任编辑：周　磊
责任校对：陈冬梅
封面设计：有品堂＿刘　俊
版式设计：迟　稳
责任印制：訾　敬

出版发行：北京时代华文书局 http://www.bjsdsj.com.cn
　　　　　北京市东城区安定门外大街 138 号皇城国际大厦 A 座 8 层
　　　　　邮编：100011　电话：010-64263661　64261528

印　　刷：	三河市嘉科万达彩色印刷有限公司			
开　　本：	880 mm×1230 mm　1/32		成品尺寸：	145 mm×210 mm
印　　张：	7.25		字　　数：	139 千字
版　　次：	2024 年 4 月第 1 版		印　　次：	2024 年 4 月第 1 次印刷
定　　价：	45.00 元			

版权所有，侵权必究
本书如有印刷、装订等质量问题，本社负责调换，电话：010-64267955。

推荐序

"心法"比"方法"更重要

朱宪国
力晶积成电子制造股份有限公司执行副总经理

接到老友的消息,邀请我为他的新书写推荐序,我在感到开心之余自然也是义不容辞的。

一开始知道这本书是关于"项目管理"的,我还真有点为他担心,因为这个题目实在有点大,但细读之下,也就慢慢放心了。

这本书写的不只是项目管理的"方法",还包括了"心法"。"方法"谈的是如何运作项目的"机制","心法"则多着墨于"人性"。

项目管理的"方法",不外乎是整合人、事、时、地、物,推动项目"规划"与"执行",以达成项目设定的目标。但是一个成功的项目(尤其是大型项目)绝对不可能100%依照最初的规划执行。在执行的过程中,项目必定会因内部、外部环境变化,产生层出不穷的各种意外，有时甚至连项目目标都要修订（re-targeting）。

此时，一个项目经理（Project Manager，PM）如何调整项目目标和规划等，并解决执行过程中出现的问题，则需要用到书中提到的"心法"。

郝哥与我皆是IE（Industrial Engineering，工业工程）专业毕业的，他的职业生涯经历丰富多样，本身就是一个项目管理的良好示范。

本书不谈深奥的项目管理理论，介绍了很多日常生活及工作的经验，可读性强，足以作为项目管理的入门参考书。

项目人生

何丽梅
台积电欧亚业务资深副总经理暨企业社会责任委员会主席

我认识旭烈（Caesar），是在台积电内部合作进行流程改善项目的时候。

后来，他被邀请从工业工程部门转入财会部门，然后又参与台积电在大陆的第一座晶圆厂的建设项目。一路走来，我可以感受到他在不断成长，对项目管理的应用也越来越熟练。

无论是通过整合规划、解决问题的能力，还是通过圆融待人的处世方式，我都可以看出，他虽然执着于达成项目管理目标的要求，但不会受限于一般项目管理理论上的条条框框。

就像他说的，"项目管理是玩一场从'不确定'到'确定'的游戏"。虽然目标是确定的，但是过程是不确定的，要有随时因势利导的应变能力，这个才是项目管理的精髓。

这本书没有太多说教，更没有艰深难懂的理论，让人爱不释手。通过了解郝旭烈亲历的小故事，读者就可以理解如何做好

"对事更对人"的项目管理了。

我诚挚推荐本书,相信这本书无论是对人生成长还是对工作职场,都可以给读者提供很大帮助。

理解"不确定",才能玩出好项目

李森斌
王品集团副董事长

我是在商周集团CEO商学院"项目管理"的案例分享课上结识郝哥的。他讲述的项目管理方面的内容没有太多艰深难懂的专有名词,采用了生活化和接地气的表述,把我们通常觉得很有距离感的项目管理表述得生动有趣。

通过他的讲述,很多平常令人纠结的项目管理观点,都让人有了耳目一新的感受。

例如老板[①]、主管们常常在进行项目管理时,被员工抱怨"朝令夕改",让属下莫衷一是。

但是郝哥说,"朝令夕改"本来就是常态。因为明天是不确定的,未来的每分每秒都是不确定的,真正造成"朝令夕改"的情况存在的,并不一定是老板、主管,而是公司的每一位员工。

因为组织中的所有人都是收集信息的"末梢神经",一旦未来

---

① 本书中"老板"指企业或部门的管理者、领导者。

情况有所改变，过去的决策相应改变就会成为必然，那么"朝令夕改"就是一件有利的事。

这就是为什么我特别喜欢郝哥所说的："项目管理就是玩一场从'不确定'到'确定'的游戏。"

虽然"目标"是"确定"的，但是达成目标的"过程"有各种不同的方法，会遇到各种不同的情况，这些肯定都是"不确定"的，甚至我们都"不确定"我们使用的方法是不是"确定"能让我们达成目标。

因此，把需要长时间才能完成的大目标切割成短时间内就能完成的小目标，便成为非常重要的概念。

这就是郝哥说的，"少就是多""小就是大""慢就是快"。

例如我们每个人或每家公司都会在新年开始时制定新计划、新目标。如果我们每季度检视目标一次，那么一年就有4个修正机会；每月检视目标一次，那么一年就有12个修正机会；每周检视目标一次，一年就有52个修正机会。

因此，把一年的目标拆分成52个小目标，每周一个小目标，不仅让达成目标的压力变小了，而且让修正频率变高了，使得调整成本和走冤枉路的返工成本也相对降低了。

这就是"少就是多"（Less is more）的本质。小小的目标，会降低我们的抗拒感,也会让修正变得容易,最重要的是还会让我们养成一种持续前进的"好习惯"。

就像我们常听到的那样,好的人生源自好的习惯,好的习惯通过时间的力量和复利效应,就会结出成功的果实。"小目标、勤修正、好习惯"也是敏捷式项目管理的精神。

诸如此类容易理解的项目管理内容,在书中每个章节俯拾皆是。郝哥用非常务实又深入浅出的故事和案例,让大家可以轻松学习和吸收项目管理的知识。

我真心地把这本书推荐给大家,这是一本能让你回味无穷又能轻松掌握项目管理知识的好书。

项目管理不如你所想的那样艰深难懂

侯劭谚
喜特丽国际股份有限公司总经理

我跟郝哥是在项目进行的过程中认识的。

商周集团有个很有特色的课程，会邀请学员参与下次课程内容的制作工作。在一次由我担任课程共同策划的角色时，我数次和郝哥讨论该怎么让同学了解项目管理。当然，在课程开始之前，郝哥说明他要怎么样在有限的时间内，让同学对"项目管理"有个初步认识。一开始，他用了一句话就让我对项目管理印象深刻。郝哥说："项目管理就是玩一场从'不确定'到'确定'的游戏。"他又说："项目管理有确定的目标，但没有确定的过程。"是啊！跟我之前学到的生硬定义相比，这样的解释更容易让人理解！这就是郝哥神奇的能力，他可以用生活化且活泼的比喻传授知识，再加上运用很多有趣的顺口溜，让学员可以快速抓住重点，并且很容易与他产生共鸣。

本书中没有艰深的项目管理术语，也没有很难懂的理论知识，郝哥通过自身的职业生涯经历举例，道出读者心中的疑惑，同时传授心法。我在读这本书时，就像在看一本有趣的、引人入胜的故事书。

其实，我们不要以为项目跟自己没关系，人生本来就是一个项目，因此每个人都应该学习如何做好"项目管理"。如果你害怕艰深难懂的管理书籍，那么你就更应该好好读这本书，书中用了许多生动的顺口溜替读者把重点都提炼了出来，而且字字精彩、句句入心。

只要每天进步1%，一年后可以强大37倍，"小快步"走向成功就从阅读开始。这是一本节奏明快、深入浅出的好书，我将其推荐给各位读者！

修，才是项目的本质

郭奕伶
商周集团执行长

"如期、如质、如预算"，是我以前学的项目管理的三大原则，守不住这三条底线的项目就是失败的项目。但在进入数字时代后，尤其是跟数字化转型相关的项目，你会发现，要守住这三大底线好像变得很难。光是一个项目目标，就不容易确定。为什么？数字化转型，所有企业都还在路上，没有一家公司敢说自己完成数字化转型了，尤其是商业模式，很多企业都还在摸索，不是还没找到答案，就是还在进化中。

因此，如果你负责的是一个与数字化转型相关的项目，你今天定下的项目目标，明天真的做得到吗？在执行过程中，你可能会发现，当初的项目目标设错方向、设错数字。这时候，你该怎么办？

在"后疫情的数字时代"，市场一日三变是常态，产业范式转移的速度快到超乎你的想象。你会发现，项目管理跟过去很不一样。

我喜欢郝哥对项目管理的形容，"它就是一个摸底的过程"，不断摸市场的底。只是在数字时代，我们需要的摸底频率、次数都跟过去不一样了。

过去，"如期、如质、如预算"这三大紧箍咒让项目管理的执行过程缺乏弹性；如今，项目目标等却可以"朝令夕改"。现在的项目管理跟过去的项目管理有两个明显的不同之处：

（1）项目目标的修正会比过去更频繁、更迅速。

（2）项目成功的概率比过去更高。因为数字科技能让项目成果以最小可行性产品（Minimum Viable Product，MVP）的形式出现，迅速得到市场反馈，据此不断修正，更容易满足市场需求。

因此，项目管理的本质只有一个字：修。

"有道无术，术尚可求也；有术无道，止于术。"老子说，如果我们掌握了事物的原理，即使没有技术，仍可学习而得；如果我们只学了技术，却不了解其本质，就只能停留在技术的层面了。

这本书的最独特之处，就在于郝哥讲的是项目管理的"道"，而非项目管理的"术"。

拥有科技、金融等领域的专业知识，加上纵横职场数十年的心得，郝哥对项目管理之道，比别人理解得更深刻、更精练，因此你可以通过阅读本书，跳过许多技术障碍，直接掌握项目管理的本质。

在数字时代，这本书是项目管理的宝典，值得你细细咀嚼。

经营管理者的武功秘籍

张永昌
胡须张股份有限公司董事长

我非常开心在2021年7月16日，于"商周CEO 50"聆听晶华酒店潘思亮董事长分享在新冠疫情肆虐之时，游客人数瞬间跳水式减少、宴会餐厅禁止堂食、营收大幅下滑之际，生死存亡的急迫感被激发出来的故事。他亲自上阵主持各事业团队的工作，进行危机处理，一个月内通过七八十场项目会议密集讨论，稳定军心、共商策略、凝聚共识、拨云见日，带领集团找到生存下去的方法，整个集团事业脱胎换骨，顺利渡过难关。

紧接着，我聆听了郝旭烈老师主讲的"项目管理"，听讲过程中多次出现"心有戚戚焉"的感受，结合书中章节分享如下：

瀑布式项目管理和敏捷式项目管理，哪个比较好？

这让我想到《孙子兵法·九地篇》说道："故善用兵者，譬如率然。率然者，常山之蛇也，击其首则尾至，击其尾则首至，击其中则首尾俱至。"

任何人在生死存亡的关键时刻,莫不分分秒秒心心念念结果如何。

此时使用敏捷式项目管理最恰当。

客房部没了游客,客房部主管和同人全部投入餐饮事业群,一个月内必须转型成功,至少让员工有工作可以维持生计,让集团保有最起码的现金流支撑财务运作顺畅。

这就是每天密集进行PDCA[①]项目管理活动而日见有功,每天早、中、晚修正,比每周修正一次或一个月才修正一次要强千万倍。

为了达成公司的总体目标,各项业务进度随着新冠疫情变化,应对措施持续调整、修正。身为事业负责人或总经理,授权之后依然要负起完全责任,所以非常需要得到实时反馈、实时修正的信息方得以安心。

参考本书"三大核心观念篇"的图2-1可知其观念:经营重成果,管理重过程。我们应当宁愿每天"敲钟",关注先行指标因应变化,也不要过了一个月才根据落后指标的利润表"举行追悼会",这就是敏捷式项目管理的精髓。

---

① PDCA是计划(Plan)、实施(Do)、检查(Check)、处理(Act)的首字母组合。

在日常经营过程中，董事长、副董事长、总经理应当是最大的项目经理，公司治理要想做好风险管理，并取得良好发展，平时就要通过项目管理来选才、育才和用才，为公司有效培养更多经营管理人才，确保公司永续经营、成长发展，从而实现基业长青。

如同棒球队的替补球员随时随地都能上场出战，单位主管或是具有潜力的"明日之星"都可以被选任为项目经理。

什么样的人适合担任项目经理？

他要担任"仆人"的角色，善于沟通，能够帮助别人成功，具有谦冲为怀的特质，是一个会把成员的成功放在自己的成功前面而对成员加以表扬的人。

他是一个能够做到将心比心，坚持专业，懂得"团队赢就是个人赢""互利共荣，命运与共"的道理，完全把公司的利益摆在第一位的人，以公司利益为自己决策的主要依据。

他是教练，不是控制狂。

本书中说"问题是由项目经理解决的，麻烦也是由项目经理承担的"，这就需要具有"愿意担当""利他主义""强烈好奇心"

的人来担任项目经理，才能取得事半功倍的效果。

项目经理打破组织藩篱，是跨越部门界限、统筹事务、指挥作战的人。在执行项目的时候，他就是总经理的分身。这是一个手握"尚方宝剑"，推动企业进行重大改革的人。担任项目经理更是一个可以锻炼能力和建功立业的机会。

如果项目成功，项目经理在企业内的"能见度"、人望、声望与威望就能得到提升，成为受人尊敬的人。

如何挑选一个既有能力又愿意承担责任的项目经理人选呢？"练兵"就可以创造出无限的可能。

可学习与思考的重点繁多……

"图7-2 项目四个阶段的学习重点"对于公司想做的事，不管目标是否合理，只要找到对的人"上车"，自然就会构思出可行的办法，找到出路。

"图5-1 项目前、项目中、项目后应该关注的问题"，看图可以理解愿景，目标要简短有力、清晰动人。

"目标如何设定有利于执行？"目标设定犹如蚂蚁吃掉一头大象的道理，将一头大象细分为成千上万个小单位，然后分日、分周、分月、分年，有纪律地执行分解行动，再大的大象也会被千千万万只蚂蚁逐步分解。

"图10-1 时间与数字的意义"就是明确具体数据、时间期限和实现目标的意义，让项目经理和项目组成员知道为何而战、为谁而战。

郝老师呕心沥血为企业界开发出"三大核心观念""五大重要心法""六大执行架构"，让新手有所依据，让熟手温故知新。这是一本企业经营管理人员不可或缺的"武功秘籍"，我很开心可以向大家推荐这本书。

并购、转型都少不了项目管理

朱志洋
友嘉集团总裁

我是在"商周CEO 50"的课程上认识郝旭烈先生的。

他现任大亚创投股份有限公司执行合伙人,评估过很多创业投资项目,曾任淡马锡集团富登金融控股(私人)有限公司董事总经理及行政副总裁暨财务总监,力晶半导体集团总经理特别助理、经营企划处处长,台积电财务高级主管,获得PMP(项目管理专业人士)[①]资格认证。他同时也是"斜杠"作家,出版了《好懂秒懂的财务思维课》《好懂秒懂的商业获利思维课》《富小孩与穷小孩》。

他的这本新书用浅显易懂的文字,带大家深入浅出地了解项目管理的三大核心观念、五大重要心法及六大执行架构。

其实企业经常在执行"项目",任何项目管理都无法回避三

---

① PMP是由美国项目管理协会(Project Management Institute, PMI)发起的,是评估项目管理人员知识、技能的资格认证考试。

个重要因素：成本、执行进度管理、项目成效管理。一般人在执行项目的过程中会碰到许多挑战，包括环境变动的问题、资源分配的问题、目标设定的问题、执行成效的问题……因此，作者在书中一一解答了如何在项目执行过程中，面对可能发生的问题，例如：

（1）在开始项目前，如何选择项目？我们要选择具有最大效益的项目。

（2）如何制定项目期限？我们可以先反问自己："如果期限到了，我们做不到会怎么样？"

（3）如何组建项目团队？应用"两少""两加""两共同"原则。

①两少：减少同时进行的项目数量，减少例行工作负担；

②两加：增加项目遴选"高度"，增加参与组织的奖励；

③两共同：项目组成员共同计划，管理决策共同参与。

（4）如何面对项目执行过程中的变动？情况不一样计划就要跟着变，哪里好就往哪里去。

（5）项目执行的关键是什么？不要凭感觉，而要用数字做客观的描述，缺乏数字就容易落入主观判断的陷阱。

（6）完成项目后，最重要的是什么？要把项目执行过程中的点点滴滴记录下来，尤其是"数字"这种客观的事实。如此一来，公司才有可以参考的依据，才有未来该怎么做的基础资料。

在过去40年里，通过并购与合资，友嘉集团目前在全球有90多家公司，遍布德国、瑞士、法国、意大利、美国、俄罗斯、中国、印度、泰国、日本、韩国等地，包括17家与全球知名企业合资的公司。友嘉集团拥有37个国际知名品牌，其中9个品牌有百年以上的历史。

过去，很多企业经营者因为并购项目成功的比例只有30%而对并购项目裹足不前。其实并购项目是企业提升自己技术量能、扩大市场、进行转型的大好机会。企业经营者不懂外语没关系，只要懂人就行了；不懂技术没关系，只要懂数字就行了。借由学习并购项目的策略、实务，汲取前人的经验，并且量力而为，谋定而后动，他们即可通过重组、整合来产生新的综合效益，创造双赢的局面。

对于作者在这本书中所提到的几个观念，特别是"'数字'是客观的执行关键"，我非常认同。我相信，对于想学习项目管理的人来说，阅读这本书应该会有很多收获。

打开项目管理成功思维的藏宝库

郭仲伦
前展顾问股份有限公司总顾问

相信读过郝哥前三本关于"财商"的著作的粉丝们,在财商的成功思维方面,一定收获满满。遵循这些成功思维,相信大家一定和我一样迫不及待地想要尝试,但如何有效执行才能成功"达阵",郝哥借由本书分享他创新且系统化的项目管理实务心法与思维,指引大家走向成功,不走冤枉路。

我何其有幸,与郝哥缘起共事于台积电营运流程的改造工作。之后在郝哥任职于淡马锡集团富登金融控股(私人)有限公司时,我与郝哥再次合作,建置他负责的多项目管理系统与营运机制。一路上,我们从参与多元性项目实战执行,到一起获得PMP资格认证、担任项目管理专业讲师与顾问,郝哥无私地分享心得,启发了我,让我拥有许多崭新的项目管理思维,令我至今受用不尽。

郝哥是我朋友当中的传奇人物,可用"心想事成"四个字来形容他,凡是他心中想要完成的事,如领导新创事业、练习铁人三项、担任多项节目主持人及成为知名作家等，都能快速达到高水平境界。根据我过去20多年的观察，郝哥能跨如此多领域且样样都取得卓越的成就，绝非靠运气。郝哥在态度、速度、温度三方面的表现，面面俱到，处事有态度、完成有速度、成果有温度，令人佩服，他的成功之道值得大家学习。

  本书是郝哥重磅推出的第四本书，他将项目管理独到的逻辑观点，以及快、狠、准的实务经验，充分融合后创新发展出14招高效执行心法（三大核心观念、五大心法养成、六大执行架构）。本书以通俗易懂的文字精湛诠释，招招简单、易懂、好上手，为企业内参与项目工作的相关主管与工作者必读之书。我在此真切地邀请所有从事项目工作的朋友，一同打开郝哥项目管理成功思维的藏宝库，也祝福我的好兄弟郝哥新书再次大卖，所有读者项目管理工作顺利完成。

各界好评

我是在商周集团的课程及大大学院的"项目管理"课程上认识郝哥的。郝哥热衷于铁人三项运动,用"项目管理"来看就是利用有限的资源(体能、时间、练习)完成一场挑战自己的赛事。企业资源(人力、时间、金钱)宝贵,如何有效运用以创造价值,就得回到"项目管理"的执行过程上。本书是郝哥在职场上经历风浪、长期进行"项目管理"诸多观念凝聚之智慧,在此特别推荐。

——邱鸿仁 信锴实业股份有限公司总经理

郝哥的"项目管理"课程是给予面对"不确定"变局的领导者的一针"确定"的强心剂。本书的精妙之处一定要亲自体会!

——林宏远 可尔姿(Curves)台湾地区执行长

这些年,百鲜的营销从线下导入线上,以"量身定做"为口号,大部分客户都是在线上获取的。针对不同客户的不同需求,生产部门与销售部门常为了这些"不按常理出牌"的情况发生冲突。拜读了郝哥的《项目管理入门》之后，我才明白我们的业务类型从传统时代进入了"敏捷时代"。我们都知道企业要"拥抱变化"，可是对于变化之后该如何管理总摸不着头脑。这本书有逻辑思维、案例分析，更有工具、方法，让我们检视自己的现状，而且容易读，非常适合正在转型路上的我们作为学习的最佳读物。

——林裕闵 百鲜企业有限公司总经理

任何决策的执行过程都是一个项目，如果不懂项目管理，那就等于不懂公司经营！项目管理力=公司竞争力！本书让我们可以快速掌握项目成功的关键。

——林毅桓 创维塑料股份有限公司总经理

我与郝老师在"商周CEO 50"的课堂上相识，郝老师总能将理论及实务完美结合，务实的教学方式每每让我有所思省及启发，获益良多。我诚心向大家推荐郝老师的新书。

——徐清航 鸿盛建设机械有限公司总经理

我推荐每一位职场人都要读本书，郝旭烈老师从项目管理这个架构出发，从心理层面的培养到外在环境变化的应对，由内而外地架构这本书。因此，本书真的不单纯只关于项目管理，更延伸出人生管理的心法。

"朝夕令改"是常态，项目是"一场从'不确定'到'确定'的游戏"，确定的阶段性目标，不确定的执行过程，贯穿"不确定"到"确定"的关键就是"尝试"，并且"全力以赴"实现当下每一个目标！如同所谓的"活在当下"，本书通过介绍项目管理的知识告诉我们如何调整自己的心态，以不变应万变。

与其不断疲于解决问题，不如建立一套解决问题的系统，本书第1篇"观念建立"告诉我们项目的本质；第2篇"心法养成"告诉我们推动项目的关键；第3篇"架构执行"告诉我们掌握项目执行情况的重点，一步一步为自己、为团队、为公司建立一套有效的系统。

——杨子仪 经纬度企业有限公司共同创办人

作者序

玩一场从"不确定"到"确定"的游戏

郝旭烈

我进入职场的第一份工作，就是在台积电担任项目经理；后来，无论是在台积电负责中国大陆的公司筹备项目，还是进入力晶集团负责和日本的公司合资筹备项目，甚至是进入淡马锡集团后直接设立项目部门，管理大大小小几十个项目，一路走来，我每天的工作几乎都脱离不了跟项目之间千丝万缕的关系。

因此，在我的心目中，项目管理就像呼吸、吃饭一样，很自然地伴随着自己生活和职场上的点点滴滴。

直到后来因缘际会，因为好友邀请，我参与了项目管理专业人士资格认证的考试教学，也取得了项目管理专业人士资格认证。接着，我就有了更多机会和更多人交流项目管理的概念，甚至进入各大公司教授企业内训课程。

这时候我才发现，很多人对项目管理竟然有两种负面认知：

（1）学习前，觉得项目管理实在很难。

（2）学习后，觉得项目管理不太好用。

这两种认知，对于我这种一辈子都在项目管理圈子里打滚的人来说，太匪夷所思了。因为对我而言，项目管理本身就是一种不可或缺的好工具！

因此，为了了解并且跨越这种错误认知，我花了很多心血研究为什么在"学习"和"使用"项目管理时会有这样的认知偏差。

结果我发现，其实和很多学问一样，"项目管理"一旦变成一门专门的学问，就会出现很多专有名词，让大家产生距离感。另外就是"项目管理"有太多理论、众多框架，时常让项目落实、执行工作变得无所适从。

因此我认为，项目管理如此重要，只要让大家觉得"简单白话容易懂，易懂好用才有用"，就能让大家很方便地运用项目管理这个工具。这便是我推广项目管理并且撰写本书，想让本书与各位读者见面的初心。

因此，在根本上，我从一开始就给"项目管理"做了一个全新的简单易懂的定义：项目管理就是玩一场从"不确定"到"确定"的游戏。

其实认真想想，无论是人的一生还是企业的生命周期，从什么时候开始到什么时候结束,都是"不确定"的。

但是追寻"确定"的这种安定感和安全感,却是存在于我们的基因之中的。

因此,尽管未来存在许多"不确定"的因素,我们还是要设定一个可预见的目标,让这个暂时"确定"的目标成为我们努力的方向。项目正是这样应运而生的。

既然这个确定的目标是暂时的,而未来的过程也是不确定的,那么我们可以想见,在整个项目管理中,"变"就扮演了非常关键的角色。

因势利导、顺势而为、与时俱进,便是不要拘泥于项目管理的框架而能够见招拆招的重要观念,这也才会让项目管理的学习变得接地气、变得有用。

因此,这本书从厘清项目管理的三个"关键观念"开始,接着传递五个重要"心法",再到六个重要"执行架构",一路娓娓道来,没有过多艰涩难懂的专有名词,取而代之的是很多生活案例和职场故事。我希望大家在阅读本书的过程中,能够"看看别人,想想自己""试着模仿,刻意练习",将项目管理真正融入生活、融入工作,从"开始用"到"真有用"。

让我们一起玩好一场从"不确定"到"确定"的游戏。

目 录

第1篇 观念建立

第1章 项目本质
到底什么是项目管理？ 2
我的志愿 2
公司志愿 6
课后练习 14

第2章 项目理论
瀑布式项目管理和敏捷式项目管理，哪个比较好？ 15
提交简报 17
室内装修 21
生产制造 22
课后练习 26

第3章 项目迷思
"朝令夕改"，到底对不对？ 27
四个关于"朝令夕改"的故事 29
不论对错，该如何因应？ 35
课后练习 39

第2篇 心法养成

第4章 **成功核心**
项目顺利进行的重点为何？ 42
小人物，大关键 43
课后练习 54

第5章 **执行关键**
如何让决策兼具效率和效能？ 55
项目前：目标到底合不合理？——该不该做？ 64
项目中：目标该怎么调整？——该做什么？ 65
项目后：怎么把经验落实下来？——该怎么做？ 67
课后练习 69

第6章 **数字化转型**
为什么需要数字化转型？ 70
数字化转型到底该不该做？ 71
数字化转型到底是什么？ 74
数字化转型到底怎么执行？ 80
课后练习 86

第7章 **项目时机**
什么情况下适合推动项目？ 87
第一阶段：练兵——培养独当一面的人才 92
第二阶段：整合——打破组织之间的藩篱 95
第三阶段：革新——推动企业重大改革 99
第四阶段：兴利——从无到有新创项目 100
课后练习 103

第8章　项目经理
什么样的人适合做项目经理？　104
愿意——拥抱"不确定"，接受挑战　106
利他——善于帮助他人，成全他人　109
好奇——喜欢解决问题，乐于学习　111
课后练习　115

第3篇
架构执行

第9章　项目主题
要怎么选择项目？　118
怎么选择才最好？　121
为什么要这么选？　123
选择是否可以改？　125
课后练习　128

第10章　项目目标
该怎么设定项目目标？　129
项目目标设定内容要注意什么？　130
项目目标设定是否合理？　131
项目目标如何设定才有利于执行？　133
课后练习　144

第11章　项目任务
该怎么安排项目任务？　145
任务有没有同步更新？　146
任务有没有对准目标？　148
任务有没有有效产出？　151
任务有没有明确分工？　154
课后练习　157

第12章 项目工具
怎么选择项目工具？ 158
有没有匹配需求？ 161
会不会很难操作？ 164
要不要花时间学？ 165
课后练习 169

第13章 项目时间
怎么设定有效的项目期限？ 170
"法定"时间 174
约定奖惩 176
"公告天下" 177
课后练习 180

第14章 项目团队
如何组建强大的项目团队？ 181
"两少"之一——减少同时进行的项目数量 184
"两少"之二——减少例行工作负担 185
"两加"之一——增加项目遴选"高度" 186
"两加"之二——增加参与组织的奖励 187
"两共同"之一——项目组成员共同计划 189
"两共同"之二——管理决策共同参与 190
课后练习 193

第1篇 观念建立

1. 项目本质:玩一场从"不确定"到"确定"的游戏
2. 项目理论:从"最终可见"到"最小可用"
3. 项目迷思:"朝令夕改"是常态

第1章

项目本质
到底什么是项目管理?

- 项目就是因势利导和顺势而为
- 项目就是持续为生命找到出路

> 项目,就是从"不确定"到"确定"的游戏。

我的志愿

我记得小时候,我的语文老师会出一类作文,题目是"我的志愿",无论是小学、初中还是高中,都有类似的情境让我们思考,自己未来到底想做些什么。

传统观念认为,像我这样的男孩子,往往从小就被社会认定长大后要去从事一些与机器设备相关或动手研究之类的工作,所以工程师、发明家、科学家就常常出现在我的作文"我的志愿"榜单里的前几名。

后来,我看到"老师"竟然可以批评我、教育我,如此"雄壮威武",于是我又立志将来当老师。

接着又有人劝我长大以后做医生，说可以赚很多钱，但是当我第一次跌倒受伤，看到自己流血就快昏倒的时候，我就知道这条路对我来说是痴人说梦。

之后，因为家里人信奉天主教，我从小在读经班里的成绩又非常好，所以有很多神职人员和传教士劝我去当神父。我本来还信心满满，觉得这是个不错的方向，但是知道神父不能结婚，再加上我对"创造宇宙继起之生命"有非常强大的使命感，所以我也就毅然决然地放弃了这个选项。

有趣的是，不仅仅是求学时代"我的志愿"会随着时间推移而变来变去，当我真正走入职场之后，我的工作经历与角色也在持续不断地改变。我从工程师、项目经理，到财务人员、总经理特别助理、经营企划人员、技术商业谈判人员，再到财务总监、法务人员、业务拓展人员甚至信息管理人员，现在成为创投合伙人、企业讲师和作家等。

说实话，我的工作岗位一直变来变去，工作内容也随之改变。但就算是同一个岗位，其工作内容也不是一成不变的。

有很多类型的工作是我小时候怎样想也想不到的。因为根本没有经历过，甚至以前根本没有出现，我当时又怎么会知道有这样的工作呢？

但可以肯定的是，在这些一直变来变去的工作岗位上的工作经历，对我来说都是非常有价值的经验。因为在我"尝试"过之后，这些所有原来"不确定"的东西，都变成我"确定"的知识和能力，并给我未来的计划和判断提供了最有利的养分。

也因为这样一路走来，我才更深刻地体会到，我们真的没办法理解从未经历过的经验、从未出现过的事件。

因此，不断"尝试"，就变得异常珍贵，因为"尝试"才能把"不确定"变成"确定"，见图1-1。

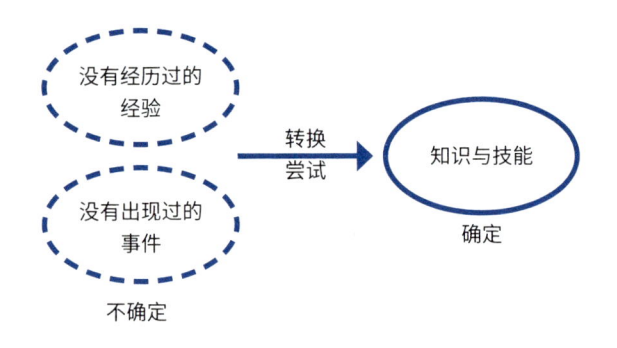

图1-1 "尝试"才能把"不确定"变成"确定"

我记得自己在大学的时候听过一场演讲，主讲人是一位我非常尊敬的企业家。在他演讲完毕之后，有人请教他，他是怎么样一路走来做好自己的职业生涯规划的。时至今日，他的回答还一

第1篇
观念建立

直启发着我。

他说:"我当然有个努力的方向,但是职业生涯规划从来都不会完全照着我的设定进行,我所做的只不过是在每一个阶段尽力把工作做到超乎期待,对自己有交代,然后等待下一个机会来临而已。"

因此,"做好每一个当下的目标,迎接每一个未来的目标"正是让事情往越来越好的方向发展的关键。

现实中的目标旅程与理想中的目标旅程的差距,见图1-2。

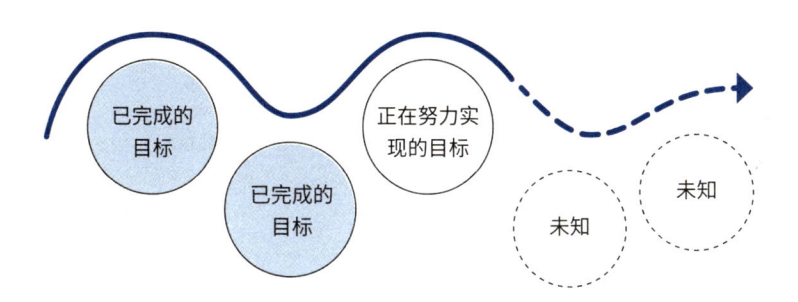

● 现实中的目标旅程:非线性的道路

● 理想中的目标旅程:线性的道路

图1-2 现实中的目标旅程与理想中的目标旅程的差距

公司志愿

个人是这样的,公司或组织也是这样的,从来没有计划到了最后,结果和原来预想的局面一模一样的情况。

举例来说,每一家公司在年底的时候,肯定都要拟定未来一年的预算计划。但是,到了下一年年底的时候,如果你问大家有没有百分之百达成自己的预算计划,那肯定所有人的答案都是"否"。

只因为没有办法百分之百按照计划执行预算,所以整个公司就觉得过去这一年的工作是失败的吗?然后,在后续运营的过程当中,公司就不做任何预算计划、不设定任何目标吗?

我想这个答案是显而易见的,不管计划偏离得多么离谱,不管目标完成率多么低,这一切都是再自然不过的事。

所有的经历都是让我们能够在未来持续前进最重要、最有价值的尝试和经验。

这还只不过是每一年短期的预算计划。

我问过许多资深创业家和已经经营了几十年甚至近百年的老店或老公司的负责人,他们的经营模式、服务内容还有销售商品,是否一路走来都始终如一?

几乎所有答案都是一样的:

"怎么可能始终如一呢?"

就算商品相同、服务相同,公司的流程和商业模式,乃至各种不同的经营工具,也必须随着时代更迭而"与时俱进"。

就拿大家非常熟悉的苹果公司来说,在我年轻的时候,昂贵的麦金塔计算机可以说是苹果公司的代名词。在那个时候,乔布斯就算再怎么优秀、再怎么有先见之明,也不可能知道未来他要做iPod(苹果播放器)、iPad(苹果平板计算机),还有iPhone(苹果手机)。更重要的是,当时的苹果公司是一家硬件制造商,他又怎么会知道,未来苹果公司的获利来源除了卖这些硬件之外,还有iTunes(苹果数字媒体播放应用程序)、AppStore(苹果商店)让苹果公司赚得盆满钵满,甚至还在世界各地成立了各种不同的实体店?

除此之外,在我们身边三步一小家、五步一大家的便利店,是我小时候想都没想过的存在。一开始看到便利店,我以为这大概就是新形态的水果店或是杂货店而已,也不可能想到有一天这种商店会遍地开花,不仅卖吃的喝的,甚至可以缴费、订票、取快递，并且还可以是早餐店、咖啡店，给人们提供各种"便利"服务，是几乎无所不包的"好邻居"。

如果任何一家公司，因为没有坚持他们一开始设定的模式或目标，就不能算经营成功的话，那么放眼望去，现存所有历史悠久的公司，都不符合这个成功的定义。要记住，努力从来没有失败，只是暂时停止成功。

> 努力从来没有失败，
> 只是暂时停止成功。

因此，无论是"我的志愿"还是"公司志愿"，通过前面的描述，我们大概可以很清楚地归纳，在一路成长、发展的过程中，有三个共通的关键性结论：

1. 目标是"确定"的，但也会变动

小时候，我的志愿是工程师、老师或是医师；长大之后，我的志愿变成财务人员、特别助理、企业讲师或是作家，我在"每个阶段"都肯定会有一个"确定"的目标。只不过这个目标，会随着时间推移、个人成长与接触到的环境变化而不断变化。

企业也是如此，阿里巴巴从在线企业商务平台转变成个人购物平台，然后为了完成交易的最后一步，又衍生出了支付平台业务，然后一点一滴地扩张，又发展出了金融业务、大数据服务。

在每一个不同的阶段，阿里巴巴肯定也有"确定"的目标，只是随着自身不断成长与发展，这些目标就变得不一样了。就像我们从小到大，脚长了、个子高了，总要换双鞋、换件衣服，道理是一样的。每个阶段都有确定的目标，不同阶段会有不同的目标。

> 每个阶段都有确定的目标，
> 不同阶段会有不同的目标。

2. 过程"不确定"，要不断尝试

因为每个阶段都有不同的目标，所以实现目标的过程肯定是"不确定"的，也没人说得准。

就像我当初想考大学、想读研究生，看起来目标非常明确。但是要怎么安排读书计划，怎么确保每一科的成绩都能够达到标准，甚至每年的出题方向都不一样，要怎么掌握每年的考试动向，还要留意考题与时事结合等因素，这些迈向目标的过程，完全是"不确定"的，也没有标准可以依循。

公司也是一样的，就算要全力以赴实现目标和完成预算计划，但是你也不知道在执行计划的过程中，在生产、制造环节会出现什么样的问题。会不会有竞争者突然冒出来？公司的关键人物会不会离职或是有什么变动？甚至会不会有类似疫情这样的"黑天鹅"事件突然出现？公司在向目标前进的过程中，要面对众多"不确定"因素，也同样没有标准可以依循。

因此，无论是公司还是个人，就算有"确定"的目标，在面对"不确定"的过程中，不断尝试、且战且走以及摸着石头过河，绝对不是不负责任的态度，反而是我们必须认清的趋势和事实。

3. 所有经历都是"项目管理"

说到这里，我们可以开始认真说一说到底什么是项目管理了。

很多人都告诉我，他不懂项目管理，他不知道什么是项目管理。实际上，我们真正不清楚的，可能只是"项目管理"这四个字而已。

先就概念来说，在执行计划的每一个"阶段"，我们都有一个希望"达成"的"目标"，但是达成这个目标的方法没有既定的"规则"可以依循，因此我们就希望能够成立一个"项目"来管理它。

假设大家可以理解这样的概念的话，那么个人求学经历、职业生涯、减肥、购房、买车甚至是婚姻，都属于各种不同的项目。就公司而言，从开始创业、成立新部门、提供新服务、研发新产品、拓展新市场新区域、寻求新贷款和新股东，也都是各种不同的项目。

这些所谓的"项目"，有着两个非常关键且共同的特性，就是确定的阶段性目标、不确定的执行过程。

> 确定的阶段性目标、
> 不确定的执行过程。

这就是所有项目的本质，具备阶段性"确定"的目标，同时却要面对"不确定"的达成目标的过程，见图1-3。

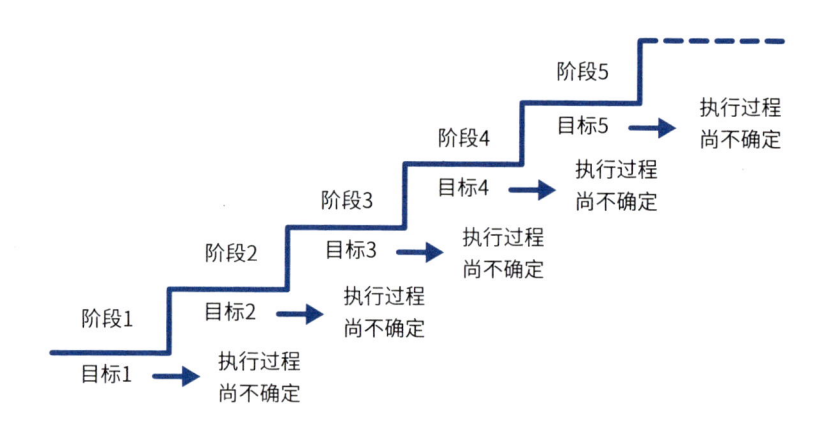

```
                                    ┌─── 执行过程
                            阶段5    目标5 →  尚不确定
                     阶段4   目标4 → 执行过程
                            目标4 →  尚不确定
              阶段3   目标3 → 执行过程
                            尚不确定
      阶段2    目标2 → 执行过程
                     尚不确定
阶段1  目标2 → 执行过程
目标1 → 尚不确定
      尚不确定
```

图 1-3　项目的本质

因此，针对"项目管理"这个大家既熟悉又陌生的名词，我重新定义它，叫作"从'不确定'到'确定'的管理"。

或是像我平常用大白话告诉大家的，项目管理其实就是玩一场游戏，玩一场"从'不确定'到'确定'的游戏"。

这个定义里最重要的两个关键词，就是"不确定"和"确定"。就像下面的例子：

人生"确定"要活得好，但"不确定"怎么才能活得好；

从小"确定"要学得好，但"不确定"怎么才能学得好；

长大"确定"要工作好，但"不确定"怎么才能工作好；

结婚"确定"要对象好，但"不确定"怎么才能对象好；

孩子"确定"要教育好，但"不确定"怎么才能教育好；
创业"确定"要发展好，但"不确定"怎么才能发展好；
产品"确定"要销售好，但"不确定"怎么才能销售好；
公司"确定"要管理好，但"不确定"怎么才能管理好；
…………

从一个确定的目标到另外一个确定的目标，就算过程不确定，我们也非常确定"一定要迈向下一个确定的目标"。

这就是项目管理的本质，也是项目管理持续不断追求的方向。

我花了这么多篇幅，用完整的一章阐述了项目管理的本质，是想让大家知道，也能够记住"项目管理"就是这样一个过程：

"从'不确定'到'确定'的管理"或是"从'不确定'到'确定'的游戏"。

无论是对个人还是对公司都是一样的，这也是贯穿整本书的最核心的重要观念。唯有了解这个"从'不确定'到'确定'"的项目管理概念，接下来我们才可以继续展开下列四大议题：

- 为什么（Why）要做项目管理？
- 怎么样（How）做好项目管理？
- 项目管理要做些什么（What）？
- 谁（Who）适合做项目经理？

这些都是我们在日常生活与工作中会面对的、必须解决和处理的各式各样的议题。

课后练习

（1）你能否用自己生活中或工作中的案例，用"确定"和"不确定"来陈述自己的项目。（例如：我"确定"要在半年内减肥10千克，但我"不确定"用什么方法可以达成这个目标。）

（2）在读完第1章的内容之后，你会如何重新看待很多人口中所谓项目目标"如期、如质、如预算"的说法？能否举例说明你的观点？

第 2 章

项目理论
瀑布式项目管理和敏捷式项目管理，哪个比较好？

- 最终可见是不得不为
- 最小可用是必然趋势

> 趋势，不是选择题。

无论是平常碰到的好友，还是参加"项目管理"企业内训课程的学生，常常有人问我："到底是学习瀑布式项目管理比较好，还是学习敏捷式项目管理比较好？"

像我自己取得PMP资格认证，后来也教授PMP资格认证课程，这主要是关于瀑布式项目管理的。后来，敏捷式项目管理盛行，我虽然没有直接教授这门新课，但好歹是吃这行饭的，也买了几本书回来认真努力学习了一下，不仅是为了跟得上时代，也是为了弄清楚这两种项目管理方式到底有什么差异，又应该怎么选择。

很多人告诉我说，瀑布式项目管理比较重视文件和流程，适用于大型项目，整体执行上比较复杂……敏捷式项目管理比较有弹性，不拘泥于流程，适用于轻薄短小的项目，相对没那么复杂……

说实话，我对于这些评论并没有太多意见，只是从自己的经验以及对项目管理这门学科的认识来看待。我感觉这两种项目管理的区别，就好像当初人们用马车作为代步工具，然后突然有一天，有人发明了汽车，接着我要比较马车和汽车之间的差异。从马车到汽车，不是"选择"的问题，而是一种演化、一种成长、一种随着时代进步不得不为的趋势。

对于这两种项目管理方式，我从本质上下了不同的定义：

（1）瀑布式项目管理：最终可见；

（2）敏捷式项目管理：最小可用。

简单来说，瀑布式项目管理通常都是到项目完成后，我们才看得到结果，而在项目执行的过程中，我们只看得到"过程"。换言之，没有把整个项目完成，用户就看不见成果，也体验不到成果，所以瀑布式项目管理的成果是"最终可见"的。

相反，敏捷式项目管理在每一个小阶段都可以让使用者或用户看到完成品的雏形，就算不是完美（最终）的结果，我们大致也有了完成品的概念。对于未来的使用者或用户而言，敏捷式项目管理的成果是"最小可用"的。

基于这两种不同的本质，我一直觉得，瀑布式项目管理和敏捷式项目管理并不是一个孰优孰劣的问题，而是一个趋势、走向的问题。

因为身为最后（终端）的客户或用户，我们都希望项目的最终样貌能够越早看到越好，能够越早有完成品的概念越好。因此，只有在逼不得已的情况下，我们才接受"最终可见"，不然都希望尽可能做到"最小可用"。

接下来，我举几个大家日常可能碰到的例子来说明，或许看完后，你会对这两种项目管理方式有更深刻的认识。

提交简报

我最喜欢在上课或是和公司同人分享案例的时候，拿平常"老板交办事项"这种小项目来举例，大家感觉比较贴近实际。

打个比方说，假设周一刚上班，老板就把你叫进他的办公室，要你做一份PowerPoint（幻灯片）格式的简报，希望你在周五下班之前交给他。（这种会告诉你完成时限的老板，算是非常有良心的了，大部分老板通常都是告诉你"越快越好"，或是明天早上上班之前放在他办公桌上。）

这个时候如果有两位不同的员工，他们的反应分别如下：

第一位员工接到指令之后，回去"埋头苦干"，拼命做、死命做、加班做、熬夜做，改格式、改线条、改颜色、改图案，加特效、加影音、加动画、加旁白，一直要求自己非常完美地呈现这份简报，希望竭尽一切功劳、苦劳加上疲劳，然后在周五下班之前把简报提交给老板。

第二位员工接到指令之后，立刻"复述"了一遍老板的要求。在确认无误后回到座位上，他立刻把简报的大纲和主要内容用草稿、草图写下来，在周一下班前和老板确认。接下来，在周五之前，他每天都把简报内容与进度直接通过电子邮件发给老板，让老板确认，希望获取老板的反馈，并及时修改，然后在周五下班前把简报发给老板。

通过这两个案例对比，大家应该可以想到，老板在看到第二位员工做的简报的时候应该没有太多意外，在来来往往修改、信息增删、每天频繁确认和反馈之下，简报的内容已经达成共识，形成了彼此一致认同的结果。

反观第一位员工，他心中想的可能是给老板一个"惊喜"，但是这种惊喜，对老板而言也可能是一种"惊讶"，甚至是"惊吓"。

因为当老板下达指令给员工的时候，员工的认知就可能产生偏差，如果没有彼此确认，可能会有不同的解读，再加上周一到周五这段时间员工都不知道老板对这份简报有没有新的想法，或有没有必须更新的信息。因此，这种过程当中看不到"雏形"，直到最后结果呈现的时候，老板也许会有"一翻两瞪眼"的感觉，是一种风险非常高的做法。

当然，这个案例或许有点极端，但是我想要特别说明的，就是两种项目管理方式做法本质上的差异：

- 第一位员工的做法，类似"最终可见"。
- 第二位员工的做法，类似"最小可用"。

"最终可见"与"最小可用"的差异，见图2-1。

我想身为老板，也可以说是"员工的客户""员工的服务对象"，应该都会比较倾向"最小可用"这种项目管理方式。

项目管理入门

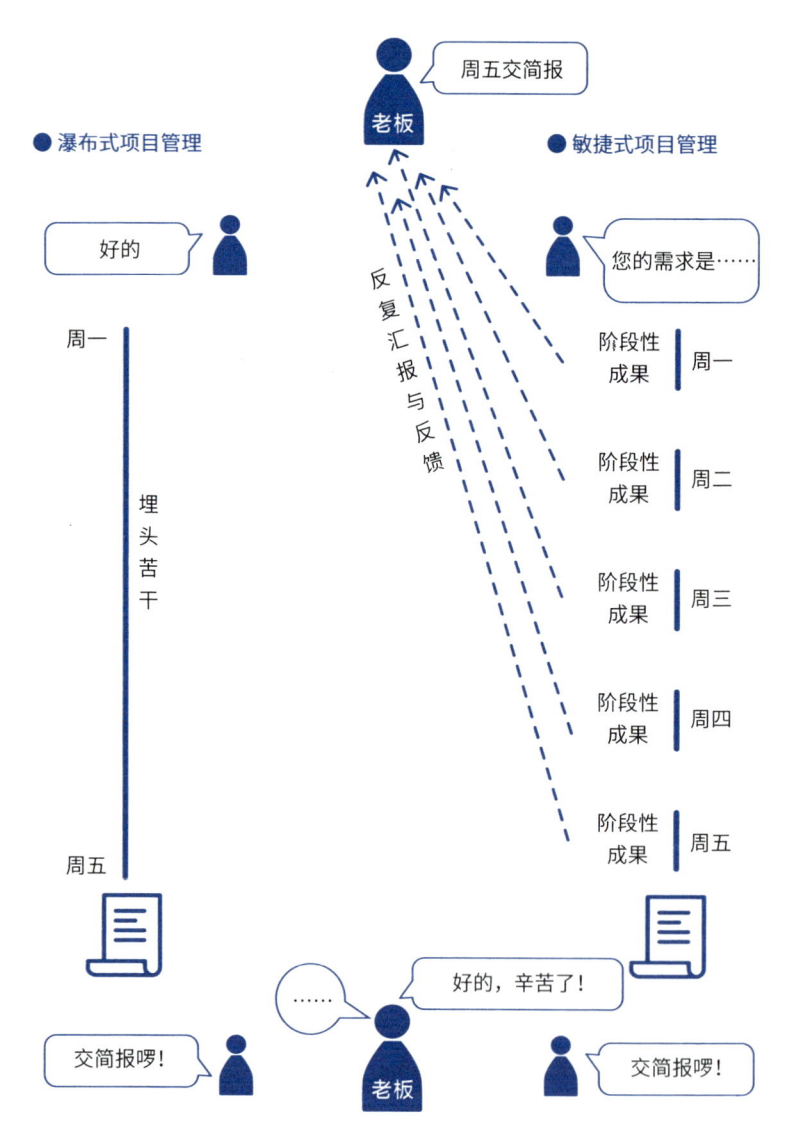

图 2-1 "最终可见"与"最小可用"的差异

室内装修

第二个案例不仅和公司有关,其实和每个人或是每个家庭都有关,那就是室内装修,或者说整体空间设计。

我读大学的时候主修工业工程专业,"工厂布局"是必修课程。那个时候大家使用的工具还是制图桌搭配铅笔和图纸,绘出平面图,然后"想象"未来的工厂布局情况,里面会有哪些不同的机器设备、工具如何摆放、人员走位动线应该怎么样安排等。

当然,不仅工厂布局设计如此,家庭装修也差不多是这样,就算设计师画出平面图,或是多一份心力画了一幅立体草图,但是如果我们想知道未来大概的模样,还是主要依靠"想象"。

如果在施工过程中客户没有认真参与的话,最后装修出来的效果,有可能令客户"一翻两瞪眼",既"惊讶"又"惊吓"。

后来随着计算机普及,不仅在绘图方面方便许多,可以非常简单地修改平面图,而且整个空间设计方案和最终的呈现效果,几乎都可以"拟真"地让用户有身临其境的感觉。

我任职的创投公司就投资了一家AR(增强现实)/VR(虚拟现实)领域的企业。你只要拿着安装有这家企业开发的软件的iPad,对着你想要装修的空间扫描一下,就可以立刻看到各种不同风格的装修效果，而且你还可以选择各种不同的家具，置换各种不同的窗帘、壁纸和瓷砖等。这家公司目前已经开发出的成熟的技术，可以让用户戴上AR／VR眼镜，直接置身在虚拟的空间中，感受装修方案真正实现的模样。因此，我们可以简单地得出结论：

- 以前，平面设计，到最后装修实现，就是"最终可见"。
- 现在，虚拟现实，让用户身临其境，就是"最小可用"。

先不管其他人怎么想，就我个人而言，一旦体验过这种虚拟现实的感觉，就很难接受那种只能依靠想象力的平面设计图了。

生产制造

看完前面两个案例，可能有人会说，这种交报告或是居家装修设计都属于小项目，如果是更复杂的项目，就很难按照"最小可用"的项目管理方式执行了。

大家不妨想想看，连装修这种风险不高的项目，我们都希望能够尽快看到成果，避免出现"一翻两瞪眼"的局面，那么体量更大、复杂度更高的项目,"最终可见"的项目管理方式存在的风险不是更令人胆战心惊吗?

无论是盖一家工厂、建一座大桥、兴建一栋大楼,还是设计一辆跑车、一片晶圆、一颗IC(Integrated Circuit,集成电路)芯片,或是发射到太空的火箭,这些各式各样的项目,需要投入大量人力、物力、时间和资金,甚至涉及人命关天的安全性,怎么可能先把东西做出来,再看看最后的结果会怎么样呢?

先不管技术方面会有多少限制,单就"资源投入"和"安全风险"这两个重点来看,越大、越复杂的项目,我们越希望能够尽快看到雏形,能够尽早知道哪些地方可以修正、哪些地方可以优化。

简单来说,这就是让我们通过"最小可用"的项目管理方式实时得到反馈,实时进行修正。

> 实时得到反馈,
> 实时进行修正。

说到这里,很多人也许会问:如果说敏捷式项目管理是一种趋势，是一个我们都想要的"最小可用"的项目管理方式，那为什么过去我们还要学习所谓的瀑布式项目管理呢？

这个答案其实也非常简单：非不为也，是不能也。如果你问我："为什么在汽车被发明出来之前，人们要用马车来代步，而不用汽车来远行呢？"这是一样的道理。

汽车还没有被发明出来，技术还没有到位啊！

就像我女儿问我，我小时候为什么不用智能手机加上聊天软件来免费通话，为什么我小时候要听那种一盘只包括10首歌的录音带。你觉得我该怎么回答？

新的技术还没有被发明出来，技术条件还不成熟啊！

以前无论想生产什么产品，假设要做模具来制造的话，一套模具就可能耗费几万元、几十万元甚至上百万元，而且模具制作时间也非常长。

可是，有了计算机辅助设计和3D打印机之后，小批量生产产品节省下来的时间和成本，简直是超乎想象的。

以前那些技术，就让我们必须接受"最终可见"的项目管理方式；现在这些技术，就让我们可以尽快实现"最小可用"的项目管理方式。

如果认真说起来，科技持续发展的目的是帮助人类进步，其本身就是一个从"最终可见"到"最小可用"的过程。

事实上,就连"最小可用"的项目管理方式也是持续不断进步的。

想想以前,我们觉得用"计算机屏幕"来"仿真"已经很棒了。到了现在,我们用"身临其境"的方式来"虚拟",简直真假难辨。

"最终可见"是以"真实世界"的形态呈现成果,在完成后才知道。"最小可用"是以"以假乱真"的形态呈现成果,在过程中就知道。

"在完成后才知道",这种等待的过程很难熬,风险又高。"在过程中就知道",比较符合人性,效果又好。因此我认为,从瀑布式项目管理到敏捷式项目管理:

- 是从"最终可见"到"最小可用";
- 是"科技"发展的结果;
- 是"演化"的过程;
- 并非"选择"哪一种比较好;
- 是"趋势"让我们逐渐倾向于敏捷式项目管理,从"最终可见"到"最小可用"。

项目管理入门

课后练习

（1）延续第1章的问题,如果我想要在半年内减肥10千克,那么我的"最终可见"和"最小可用"的项目形态,会有怎么样不同的设计方式？（例如：半年后才称体重,就是"最终可见"；每周都称体重,修正自己的饮食、运动量以及减肥方法,就是"最小可用"。）

（2）选择一件工作或生活中的事,当你进行这个项目时,如何从瀑布式项目管理的"最终可见",变成敏捷式项目管理的"最小可用"？（例如：前面的做简报案例,到交简报的时候才给老板,那就是"最终可见"；每天都向老板汇报进度,获取反馈意见,就是"最小可用"。）

第3章

项目迷思
"朝令夕改",到底对不对?

· 修正是面对不确定环境的常态
· 达成共识在于"知其然、知其所以然"

> 修正,才是真正"以不变应万变"。

进入职场之后,我常常听到同事抱怨:

"老板的要求怎么一天到晚改来改去?"

"真不知道老板的脑袋里想些什么,一下子这样要求,一下子那样要求。"

"老板就不能想好再告诉我们该怎么做吗?他的要求一直在变,实在很打击士气。"

…………

虽然员工对老板总会有很多意见，也不只是这个方面，但对于要求变来变去、改来改去，让员工产生疲于奔命和原地打转的感觉，可能是这些意见产生的原因，但是我不禁想问：

"老板真的愿意这样吗？"
"老板真的是想不清楚吗？"
"老板真的喜欢一直变吗？"
"老板真的喜欢一直改吗？"

其实，谁都知道"朝令夕改"是一个贬义词。我相信，如果老板经常要求做出改动的话，他自己也会担心员工对自己产生"朝令夕改"的印象。这种压力应该不亚于员工收到"朝令夕改"的要求的压力。因此，在这里，我主要想探讨两个关键问题：

（1）"朝令夕改"，到底对不对？
（2）不论对错，该如何因应？

第 1 篇
观念建立

四个关于"朝令夕改"的故事

我们先来看看"朝令夕改"这件事情到底对不对,我把四个自己在职场和生活中亲身经历的故事分享给大家。

同时,大家也可以重新回味一下我在前文中对项目管理下的定义:从"不确定"到"确定"的游戏。

1. 改变财务预测

我在半导体行业工作的十几年中,有很大一部分工作内容都是"预测"和"规划"公司未来的发展方向。简单来说,这就是根据趋势来假设未来消费市场可能会有哪些商品,对于公司的IC产品会有怎么样的需求变动,而这种需求变动是否需要我们扩充产能,增加产能后能带来多大收益,需要投入多少资金,目前的现金流和人力资源是否能够跟得上等。

这些计划的最终目的,要么是向董事会申请预算,要么是与合作伙伴沟通情况,甚至需要政府部门审批相关申请文件。

前面说了这么多内容,最主要的目的是凸显项目牵涉层面非常广、变动因素非常多,甚至有时候计划长达五到十年,也就是说预测时间非常长。在这种情况之下,为了能够尽可能完整,我忙着收集各种不同的信息,几乎每天都在建立财务模型,或者说,调整的数字几乎是天天变、时时变、分分变。

我还记得有一次为了跟董事会报告情况,在一周的时间内,针对未来五年的长期计划,我的计算机里储存了200多个不同版本的报告。(那时我真的快疯了。)

最令人不解的是,到最后呈报给董事会的报告,竟然还是最初的版本。

看到这里,你会不会觉得主管很挑剔,又很有感触,心里想着:

"早知如此,何必当初?"

"老板何苦为难小的?"

经过这么多年,等到回首来时路的时候,我才深刻地体会到,就算最后选择的报告仍是最初的版本,那也是经过千锤百炼之后老板认定能最好地反映未来情况的版本。这个过程是为了"选择",选择是为了"更好"。

> 过程是为了"选择",
> 选择是为了"更好"。

2. 改变研发项目

后来因缘际会，我和同事一起参与了流程改善的项目，其中有一个项目是专门帮研发部门"整理"他们服务客户的项目和流程。

"整理"的目的竟然是要从30多个正在研发的产品项目里面砍掉20多个产品项目，最后只能留下不超过10个研发项目。

那时候，我在听到这个消息后非常不解，尤其是考虑到准备砍掉的这些研发项目都已经投入了很多资源，甚至有一些项目的成果已经接近可以生产或销售的阶段了。

这种调整虽然不是"朝令夕改"，可能只是"春令秋改"或"夏令冬改"，但是对于公司投入的资源和人员调整工作来说，都是非常重要的事情。为什么可以在这么短时间之内做出这么大的变动和决定呢？

幸运的是，我刚好有机会近距离接触研发部门的大老板，以及负责整个缩减项目的项目经理，我就请教他们重大项目变动的原因是什么。

当然，在这个过程中，我们聊了许多细节，但最重要的是他们几乎异口同声地说出了两句话：

"情况和当初不一样了。"

"这样对公司比较好。"

他们轻描淡写的回答,却给我带来了非常重要的启发和新的思维,那就是情况不一样了计划就要跟着变,哪里好就往哪里去。

> 情况不一样了计划就要跟着变,哪里好就往哪里去。

3. 改变职业赛道

我记得当时在半导体行业,自己被公司派驻大陆工作的时候,我内心肯定且信心满满地认为,自己会在任期结束后才回台湾,甚至还想看看大陆有没有不错的机会,如果有,我就可以继续待在那里发展。

谁知道,在大陆工作了将近一年半之后,我遇到了一场非常严重的车祸,幸而虽然整辆车都毁了,但我自己没有大碍。正因如此,我突然觉得生命无常,于是决定提早回台湾,结束了外派工作的日子。

也是在那个时候,我暗暗下定决心,以后绝对不要去这么远的地方工作了,"父母在,不远游"。再加上回台湾之后的工作,还有跟随的老板,都让我非常满意,因此我一直不觉得自己有一天还会再踏上大陆那片土地以延续自己的职业生涯,更不要说转换到和半导体行业几乎完全不相关的领域了。不过,人生就像项目,只有你想不到的,没有你做不到的。

> 人生就像项目,
> 只有你想不到的,
> 没有你做不到的。

这个转机是我学生时代一位关系非常好的朋友推荐的,除了让我从半导体行业跨足到金融行业外,还因为工作的关系,让我可以跑遍中国的大江南北。因此,我做了一个自己原来觉得不可能做的决定——重返大陆工作。(附带说明一下,薪资待遇提升当然也是一个很重要的决定因素。)

就是这样,一次工作转换,对我接下来的人生产生的蝴蝶效应非常显著。人生就像项目,人算不如天算,计划赶不上变化。至少在履历表上,我会有两个截然不同的行业经历,看似突兀,实则提升了自己履历的"含金量"。

> 人生就像项目，
> 人算不如天算，
> 计划赶不上变化。

4. 改变就读专业

我的大女儿四年前去美国念书，才念了不到一年就碰上新冠疫情，她所在的州正是美国最早出现新冠肺炎患者的地方，疫情在短时间之内迅速蔓延，我们夫妻立即让她火速回来，至少让她在我们身边，我们感觉比较安全。

但是，谁也没有想到，我们以为这只是短暂回来，结果网课这种上课形式一上就是一年半。这让一堆原来要在海外求学的游子，最后都用联机的方式，"在家里"感受了不一样的"留学"体验。

尤其是大女儿本来在美国念医学预科班，因此有很多需要在学校实验室上的课程，或是一些需要现场实际操作的课程。在这种情况下，这些课程完全没有办法正常进行。

在阴差阳错的情况之下，她除了了解更多美国以外的医学进修方式，还因为待在中国台湾有更多时间、更多机会，甚至更多实践经历，接触到其他领域的人、事、物。

后来有一天，她告诉我说，她想要从原来学的医学专业转向心理学专业，我想都没想就举"双手双脚"赞成了。

其实我心中想："怎么转都没关系，人生本来就该转来转去，所有的过程，只不过是阶段性的任务、阶段性的目标。"

也许有一天，她会从心理学专业转到哲学专业，从哲学专业转到园艺专业，再从园艺专业转回医学专业。她这么喜欢看动漫和韩剧，难保有一天她不会跑去学演戏。人生就像项目，转来转去又怎样，变化无常本这样。

But, so what?（但，那又怎样？）我还不是一样。

> 人生就像项目，
> 转来转去又怎样，
> 变化无常本这样。

不论对错，该如何因应？

通过前面这么多案例，我想大家心里都应该有个底，那就是

"朝令夕改"其实是一种常态,"朝令夕改"其实是一个结果。其中主要的原因是,我们都在玩一场"从'不确定'到'确定'的游戏"。

既然整个过程是不确定的,而且就算有确定的目标,也是阶段性的目标,因此,"朝令夕改"就是一个必然的结果。

既然我们知道"变"是一个常态,那么"改"就是一个必然结果了。

大家常常会抱怨"朝令夕改",甚至导致老板、员工产生"上下不同心"的负面情绪。那么,我们应该如何因应"朝令夕改"这一情况呢?

简单来说,可以从"原因"和"对策"两方面"双管齐下":

1. 知其然、知其所以然:让大家都知道"原因"

很多时候,并不是员工不想改,或是团队的成员不想改,最重要的地方在于"不知道为什么要改"。也就是说,大家不知道"朝令夕改"的原因是什么。

有一次,我做一个大陆投资项目的财务模型,后来老板叫我调整模型中有关所得税费用的参数,把所得税费用降低50%,同时给了我一份政府文件,说我们的投资项目符合文件上的优惠政策,如果到时候我们把资料备齐了,说不定未来公司所得税费用就可以抵减50%。

因此,老板请我把财务模型中的所得税费用减少一半,看看未来资金需求会不会大幅减少。如果情况真的是那样,或许我们就可以少向银行贷款,省下利息费用。另外,本来要延后的投资项目,说不定会因有多余的资金而提前执行。

大家想想看:像这样老板和员工互动的场景,你觉得我还会抱怨老板变动财务模型、更改财务数字吗?

就算10分钟之前他刚叫我做了一个版本的财务模型,10分钟之后他突然接到了那份文件,然后叫我迅速模拟另一个版本的财务模型,虽然只有短短10分钟,甚至不是"朝令夕改",而是"当下立改",但是通过他的解说和告知,我心中对"当下立改"的原因非常清楚,自然而然会和老板站在同一阵线,共同处理这样的"议题"(Issue),而不会因为搞不清楚到底为何而改,在心中和老板对抗,到最后变成我们两个人之间的"问题"(Problem)。

因此,"知其然、知其所以然"是避免矛盾的一个非常重要的因素。

2. 既然改，那就大家一起改：让大家一起想"对策"

有一次，我做项目简报的时候，其中有一部分内容是预测未来商品价格的涨跌幅度，由于那段时间的市场供需变化非常大，实在很难非常准确地预测未来商品的价格是涨还是跌。

这时候，老板并没有让我给出一个准确的涨跌幅度的假设，反而问我，根据过去这段时间的市场变化情况，我觉得未来的价格趋势应该怎么变动比较合理。

我的老板竟然问我"觉得怎么样"！

我原来只是"被动"接受指令，现在竟然可以"主动"参与讨论，我"好为人师"的自信简直是在那一瞬间"大爆棚"。到最后，我没有给老板一个单一的答案，而是自动自发地做了好几个价格可能变动的模型。

换句话说，老板没有叫我做这么多版本的模型，但是我求好心切，自己做了很多版本的模型，然后拿着这些不同版本的模型和老板一起讨论。

简单来说，那一次的经历带给了我对"朝令夕改"不同的感觉。我突然发现，当我是团队中的一员，有着参与权和建议权的时候，任何修正都变成"必然"，就算老板的指令非常"突然"，我的心态却非常"自然而然"。

因此，简单总结整理一下：

● "朝令夕改"本来就是常态，因为所有公司、企业或是个人，都是在持续做一个又一个的项目，玩着"从'不确定'到'确定'的游戏"。既然过程一直是不确定的，那么改来改去的修正措施，肯定就是常态了。

● 因应"朝令夕改"这个常态，我有两个建议可以让大家调整心态，避免把常态变成"变态"：

▶ 知其然、知其所以然：让大家都知道"原因"。

▶ 既然改，那就大家一起改：让大家一起想"对策"。

课后练习

（1）先举一个工作上或生活上让自己非常受不了的"朝令夕改"经历当案例，然后陈述一下让自己"受不了"的主要原因是什么。

（2）读完这章之后，如果上述案例中的老板或是要你"朝令夕改"的人，让你知道原因或者让你参与决策，会不会让你"受不了"的感觉大幅减轻？你有没有这样"良好"的经验？

第2篇
心法养成

4. 成功核心:"好处"随时放在心
5. 执行关键:"数字"方能做比较
6. 数字化转型:"数据"实时反馈
7. 项目时机:"平时"就是在养成
8. 项目经理:"愿意""利他""好奇心"

第4章

成功核心
项目顺利进行的重点为何？

- 一个人可以赢得比赛
- 一群人才能拿下冠军

> 好处，是成功的"贴心"要件。

记得刚开始学习项目管理的时候，我看了很多项目管理书籍与文献，那些项目大师都会说，如果想让项目成功，有一个非常重要的条件，那就是"取得老板的支持。"

在一开始看到这种结论的时候，我觉得这实在是太有道理了，因为老板就是灵魂人物，老板就是总舵手，老板就是有生杀大权、主导策略走向的人。因此，论项目成败，就要先看老板是否支持，这是一个再自然不过的结论了。

但是，随着我执行过的项目越来越多，积累了很多经验之后，我发现这个结论，就跟"不喝水会渴死""不吃饭会饿死"是一样的道理。毕竟，如果老板不支持，这个项目干脆不要做了。

因此，老板支持是项目开始的必要条件，但是要让项目顺利进行，尽可能完成目标，更需要注意的是项目能够带给每一个人的"好处"。

尤其不要小看那种看起来跟项目没有太大关系的人，只要项目会"碰到"他、会"涉及"他，我们就要贴心地关注他，关注他的"好处"，让他成为项目的"垫脚石"，而不是"绊脚石"。

有句话说"阎王好见，小鬼难缠"，倒不是说老板搞定了，其他人就真的很难搞定，而是因为我们常常"大小眼"地关注老板的需求，却没有"贴心在乎"涉及项目的所有人的需求。

所谓"人同此心，心同此理"，如果你根本不关注别人的"好处"，那么别人为什么要帮助你，让你负责的项目能够顺利进行呢？这就是为什么我说"贴心在乎"很重要。

小人物，大关键

这是一件我初出茅庐担任项目经理时亲身经历的事情。

我记得那是一个上百人参与的大项目，主要是建立一个横跨公司各个不同专业领域的知识管理（Knowledge Management，KM）系统。简单想象一下，这就是在公司内部建立一个"专业且可以验证"的知识库，让公司未来不管面对什么样的技术或管理问题，都可以在这个知识管理系统中找到解决问题的参考答案。

由于这个项目横跨的领域非常多，所以由各个不同领域最大的老板组成的"委员会"每个月都检查所有项目的进度。当然，他们也会建议与点评项目的内容和架构。

总经理是委员会主席，而委员会的其他成员是来自四面八方的将近10位的副总裁层级的人物。我这个项目经理的一项工作任务，就是安排他们每月的"委员会会议"。

这听起来很简单，但是每一位委员都位高权重，工作都非常忙碌，行程紧凑得跟上下班高峰期很难挤进去的地铁一般。因此，每次协调近10位大人物一起开会，我就必须周旋在安排他们会议的秘书之间，搞得我焦头烂额。那个时候又没有Line[①]，没办法组群协调，因此我必须一个一个打电话沟通确认，甚至走进每一间办公室和秘书协调。

一会儿这位的行程有问题，一会儿那位的行程有问题，又或者某位临时有事必须调整、某位出差不能配合，就连确定好的会议日期也常常变来变去，这也难怪秘书看到我或听到我的声音，常常没好脸色。

---

① Line是一款即时通信软件。

一开始面对白眼和没好气的回答，我也觉得委屈，可是后来想清楚、搞明白之后，我知道秘书其实和我自己一样，面对变来变去的麻烦，他们也很难和他们的老板交代。因此，我遇到麻烦的原因不是他们难搞，而是我给他们造成了困扰。

后来，我大胆地直接请我的老板和我一起去找总经理协调，针对每个月开会的事，请总经理给出一个固定时间，如果其他副总裁不能参与，就直接向总经理请假，并指派代理人，如果总经理不能出席，就请其他副总裁轮流担任主席。

一旦达成这个共识，我就轻松了，秘书也开心了，事情就更容易推进了。这个"很大的"小事，也让我有了一个新的领悟，那就是与其在他人身上找问题的答案，不如建立一个解决问题的系统。

> 与其在他人身上找问题的答案，
> 不如建立一个解决问题的系统。

因为在执行这个项目的过程中，我贴心解决了秘书和我个人之间的麻烦，让我们都有"好处"，这不仅让我和秘书之间建立了良好的互动关系，还让我可以更顺利地推动自己后续负责的项目。

其实我常常和别人提到，要让项目顺利进行，甚至成功，就必须在乎参与项目的每一个人的"好处"。

每次我说完这个观点之后，就会得到"哎哟"这种回应。这包括两方面的意思：一方面是这样在乎一堆人会不会太累，另一方面是这样会不会太功利了。

说真的，我认为，开始累，过程就不会太累；开始不累，过程就会很累。

> 开始累，过程就不会太累；
> 开始不累，过程就会很累。

再回到我前面讲的八个字："人同此心，心同此理"。这个"好处"不是只有我们常常看到电视剧中的那种"拿人钱财，与人消灾"的好处，而是真正"贴心"为他人、想到他的需求、帮他解决问题，让他在参与项目过程中更舒服和愉悦的好处。

接下来，我就分享自己在过去执行项目的过程中取得的经验，对所有人非常重要且我们可以贴心关注的三种好处。

1. 幸福愉悦的好处

随着年龄增长，我越来越发现，很多人投入项目，乐在其中，似乎"付出本身"就会让他们有强烈的幸福感。

就像我妈和她的很多好朋友，只要是与公益相关的活动，他们都非常愿意付出，就算没有任何报酬，甚至有的时候还要自己花钱，他们仍旧乐在其中、乐此不疲。

其实，就像很多成功人士建议的那样，我们必须找到能够点燃自我热情的工作或职业，道理是一样的。

因为当我们进入"心流"状态的时候，工作本身就是一种反馈，工作过程就会让我们幸福，那么"参与项目"本身就已经是一种好处了。

因此，通常这种参与项目的好处一定是来自参与者的"内在驱动力"，他不需要项目经理一天到晚跟在旁边耳提面命，他自己的幸福感会驱使他把事情做好，自己推动工作进度。

就像当初在半导体行业工作的时候，我主动请缨参与设立在大陆的子公司的项目，因为我非常渴望接受这样的挑战，这可以更进一步丰富我的履历，我也正好借着这个机会提升自己。

因此，我是"自愿"参加这个项目的，当我入选的时候，幸福感已经有了，我已经找到我的"好处"了。项目经理与我共事也会比较轻松，因为我想参与这个项目，这个项目和我的热情相称。幸福感来自内在的意愿，匹配感会驱使项目参与者热情付出。

> 幸福感来自内在的意愿,
> 匹配感会驱使项目参与者热情付出。

2. 成就、收入的好处

第二种常见的好处,是一般职场上大家比较熟知的成就感和薪资收入上的实质性的好处。

就像我自己待过的几家公司,每一年绩效考核的时候,员工是否参与过跨部门项目,是一个非常重要的绩效评估指标。尤其是参与项目期间,和你接触过的跨部门主管或是项目经理,如果能在绩效考核表上给予你正面评价,对你未来加薪或是职位晋升都有非常大的帮助。

这种绩效评估的设计方案,让大家增加愿意参与项目的"外在驱动力",也是一种明显的好处。

虽然说升职加薪是一种很"世俗"的好处,但也是一种非常"实际"的好处,毕竟回到马斯洛需求层次理论(Maslow's hierarchy of needs),"升职加薪"不仅能让自己快速积累更多资源，还能让自己拥有更多的安全感。另外，这也是一种非常直接的肯定方式，会让人的成就感大幅提升。因此，千万不要忽略这种"世俗"好处带来的效果。

其实这种"成就"加上"物质"的好处，不仅适用于职场人士，就算是创业者也一样。

当然，很多创业者在创业过程中的付出就是一种回报，付出能够产生幸福感，就像前面说的，付出本身就是一种好处。但是，创业者创业的最终目的还是希望自己的产品和服务能够被客户认可，而这种业绩带来的成就感和收入的好处，也是一种非常重要的项目推进动力。

我有很多文艺界的朋友，无论是音乐、舞蹈还是绘画等领域的翘楚，他们一直将满怀热情注入到专业或工作上，因为这会带给他们莫大的幸福感。

每一次筹备演出都代表着一个不同的项目，如果这些演出能够获得非常好的票房业绩，提升的不仅是成就感，也会在收入上给予他们回报，让他们得到更实在的"好处"，在未来的艺术道路上能够走得更顺、更稳、更长久。

把项目管理套入马斯洛需求层次理论，见图4-1。

金字塔层级（从顶到底）：

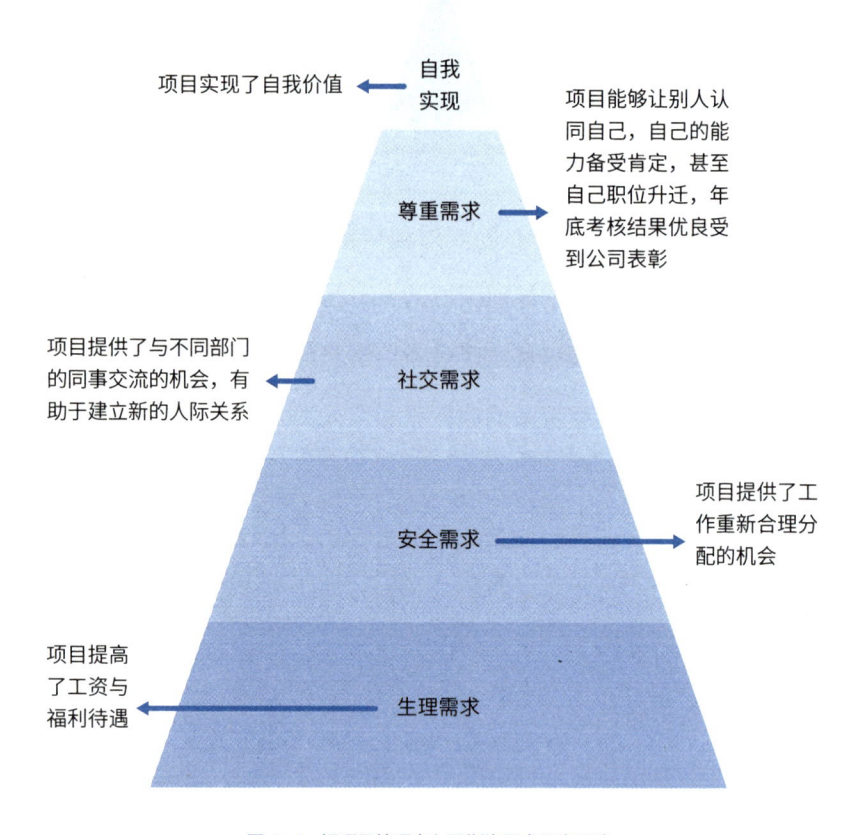

- 自我实现 ← 项目实现了自我价值
- 尊重需求 → 项目能够让别人认同自己，自己的能力备受肯定，甚至自己职位升迁，年底考核结果优良受到公司表彰
- 社交需求 ← 项目提供了与不同部门的同事交流的机会，有助于建立新的人际关系
- 安全需求 → 项目提供了工作重新合理分配的机会
- 生理需求 ← 项目提高了工资与福利待遇

图 4-1　把项目管理套入马斯洛需求层次理论

> 物质收入是一种安全感，
> 升职加薪是一种成就感。

3. 解决问题的好处

很多时候，项目经理在公司里建立项目团队，必须邀请不同部门的人加入，这个时候项目经理最常碰到的回答是："我都快忙死了，哪还有时间参与这个项目？"

因此，任何参与项目的人员先碰到的问题都是"现有工作"和"项目工作"的调配问题。如果受邀参与项目的人员本身就非常忙碌，而且经常需要加班，那么这时候再额外增加项目的负担，无异于火上浇油。

如此一来，不仅他参与项目的意愿很低，而且可以想见的是，即使他参与项目，要么就是产出成果的"效率"非常低，要么就是他累得要死，最后产出成果的"效能"不佳。

这个时候，项目经理的职责就是如何降低参与项目的人员现有的工作负担，帮助他重新和他的直属老板安排工作内容，帮他"留白"，让他有充裕的时间参与项目。重新安排工作内容就是排忧，"留白"就是留才。其实，项目经理帮参与项目的人员解决最基本的工作压力和时间管理问题，就是一个最直接的项目入门的"好处"。

> 重新安排工作内容就是排忧，
> "留白"就是留才。

在执行项目时，项目经理能够贴心地帮成员"解决问题"，就是给他们非常大的好处，而且有时候这些问题未必都是工作上的问题。

这倒不是说项目经理要跨界去管人家的个人事务，但就像我一开始说的，所有的初心都是从"贴心"开始的。

就像我在大陆工作的时候，有一天，一位下属告诉我，他必须辞职，不能继续参与我们这个新建事业团队的项目了。

这主要是因为他必须每天送他的孩子上学，还要陪他母亲看病，早上无法准时上班。他还说，他必须另外找一份允许他下午上班，或是允许他弹性上下班的工作。

听完他的描述之后，我立马就乐了。

我说那好啊，你都已经把答案说出来了，那你也不用离开了，我们这样做就行了。我告诉他，以后他自己安排上下班时间，重新和人力资源部门签一份类似弹性工时的合同，一切就搞定了。

后来这位仁兄不仅开心地留了下来，而且异常卖命地为公司工作。最重要的是,这份工作是他原来熟悉的领域,不需要从头学起,而对公司或团队而言,也不需要重新找一个人,花费更多的学习成本。

因此,这件事情看起来是解决一个人的个人问题,给了一个人好处,但是实际上,这也解决了一个组织的问题,让整个组织得到了好处。

当然,这一切也让原本的项目能够更顺利地执行下去,所以说:

- 好处真正的做法:既要顾"大我",也要顾"小我"。
- 好处最后的效益:顾好了"小我",也顾好"大我"。

我们自己想想:如果碰到让我们有"幸福感",给我们"成就感",又能够帮助我们"解决问题",带给我们好处的项目,我们是不是也很愿意参与呢?

项目管理入门

课后练习

（1）文章里提到三种不同的好处，你觉得哪一种会让你更有动力参与项目？在过去的生活或是工作中，你有没有类似的经验？

（2）你有没有给别人好处的经验，而给别人好处这件事让项目的推进工作或是项目的执行工作变得更容易了吗？这个人接受的好处属于前述三种好处的哪一种呢？

第5章

执行关键
如何让决策兼具效率和效能?

- 看不见的情感固然重要
- 看得见的数字更是必要

> 可以"比较",才知道怎么决断。

　　在工作中或生活中的项目,我们需要向他人传递一些信息,无论是报告进度,还是说明重大事件,或是解读一些现象与情况,很多时候我们的叙述都会类似以下方式:

"我一定会使命必达,努力达成销售目标。"

"虽然进度有点落后,但是我一定会认真工作,尽快赶上进度。"

"这次包装出现瑕疵,可能会造成不小的损失。"

"下个月的促销方案,应该会带动一些销量。"

"我拜访客户介绍新产品,很多人有意愿购买我们的新产品。"

"有人抱怨产品口味不好,希望我们能调整一下。"

"市场反馈普遍不错,我们或许应该研发更多产品。"

"我真的要开始减肥了,要不然我连衣服都穿不下了。"

"我今年要多读一些书,好好投资自己。"

"我决定开始认真运动,这样才能有健康的身体。"

……………

每当听完这些表述之后,我们总感觉好像听到了一些东西,但认真思考起来,好像又没有听到什么东西。

这就是我们常常说的,说得好像很清楚,听得其实很模糊。

其中最关键的问题就是这些表达里面没有任何"数字"。没错,这些表达里面没有0123456789这些"数字"。当描述或沟通的内容里没有任何"数字"的时候,我们就很容易落入主观判断的陷阱,而非基于客观的事实做判断。

譬如说,当我告诉你,明天早上的温度"很高",其实你并不知道我所说的"很高"到底有多高。

因为我计划明天早上跑步,所以我想表达的是,明天早上跑步时温度会很高,在我心目中,只要温度超过20℃就是"很高",我觉得20℃以下是适合跑步的温度。

但是你没有计划明天早上跑步,因此你心中的舒适的温度和我的不一样,至少要超过30℃,你才觉得可以称得上高温。

就是这种"感觉"的描述,例如"很热",又或是我们常常说的"定性"描述,都有可能因为主观的认知不同,造成"你说的"跟"我想的"存在较大的差距,各自有"主观"认定的观点。

如果你直接告诉我说,明天早上的温度是25℃,这样的说法就没有让人误会的地方了,因为这是一个有"数字"的"事实",是你"客观"的描述,至于你和我"感觉"热不热或冷不冷的问题,留给每个人自己去认定就行了,不关"25℃"的事。这就是我们常常说的"定量"描述。要记得,数字是客观的描述,感觉是主观的认定。

> 数字是客观的描述,
> 感觉是主观的认定。

当描述中具备了"数字",在项目计划、执行和检讨复盘的过程中,就可以产生"三有"的价值:

(1)有实质意义;

（2）有共同认知；

（3）有行动方向。

1. 有实质意义

就像你告诉我，你会"使命必达"，完成交付任务、达成销售目标的时候，这种承诺除了拍拍手、奖励你说话很大声、具备"勇气"之外，其实对于事情推动没有任何帮助，也没有任何实质意义。

因为我们都知道，大家都是在玩一场"从'不确定'到'确定'的游戏"，就算英明神武的老板，也没有办法拍胸脯保证什么事情可以"使命必达"。

因此，与其说这种激情澎湃的慷慨陈词，倒不如明白告知我，你打算把商品放在哪几个渠道（"哪几个"就是数字），然后根据过去的经验，这些渠道分别会有多少客户流量（"客户流量"是数字），这些客户流量可能有多少转化率，也就是会有多少人买单（"多少人买单"是数字）。根据这些数字及推算，最终我们保守估计，会有多少销售额（"销售额"肯定也是数字）。

既然有了明确的销售额估算值，你也不用说什么"使命必达"，因为一旦这个"数字"呈现出来之后，我们就有了实质性的东西，接下去只要讨论这个"数字"是不是符合我们的使命，以及是不是要必达就可以了。

2. 有共同认知

在开会的时候，经常有销售或市场人员描述客户反馈说："有人抱怨……"

这时与会人员，甚至老板，都会紧张地想了解"有人抱怨"的内容或者原因是什么，也就是那个"什么什么什么"到底是什么。

但是每次听到后我都觉得，大家应该先了解，那个"有人抱怨"的"有人"，到底是"有多少人"（"有多少人"是数字）。

有一次，我辅导一家企业，同样的情况发生在每个月的销售会议上。在看到销售数字不如预期之后，市场营销督导——他是总监级的人物——说从公司几十个分店收集了客户反馈信息，接着就说出了类似的经典描述："根据上个月销售数字不理想的状况，我们汇总了一些客户意见，结果发现'有人'觉得我们……（哪里做得不好），因此我们应该……（怎么样来改进）。"

一听完这样的描述，大家就针对做得不好的地方，以及如何改进热烈讨论了起来，甚至还有人当场开始指责，说应该是生产部门的问题导致客户觉得产品不好，其中当然也免不了有"回呛"、互相争执的桥段。

等到大家讨论一段时间准备中场休息的时候,我很客气地问了市场营销督导两个核心问题:

(1)他到底收集了多少客户的意见?

(2)"有人"不满意,到底是有多少人?

然后,大家就听到这位市场营销督导幽幽地说,上个月一共电话访问了10位客户,其中1位(就是那个"有人")客户有这样的意见。

重点在于,其他9位客户都没有提出具体的问题。

更可怕的是,公司每个月所有分店加起来至少有上万位客户。(其实后来想想也没错,这位市场营销督导从头到尾就说"有人",只要有1位客户,也可以说是"有人"。)

当中场休息结束之后,没有人再继续讨论之前那个问题了,因为执行长已经脸色铁青地指示这位总监级的市场营销督导多收集一些客户样本,呈现具有意义的数字信息。

你会发现,只要把"数字"呈现出来,大家立刻就对这件事情严重与否,以及是否需要继续讨论,有了共同认知。

3. 有行动方向

其实每年年初的时候，也是个人设定目标、执行项目最热门的时间。

就像前面说的，无论是好好减肥、好好运动还是好好学习，都是非常常见的年度项目计划。

不要说其他人了，就连我自己，好多时候设定这种目标，设定了等于没有设定。因为好好减肥、好好运动、好好学习，这个"好好"到底是什么意思没有明确，根本是说了等于没说。人性本来就是这样，年初目标模糊信心满满，年底重定目标信誓旦旦。

> 年初目标模糊信心满满，
> 年底重定目标信誓旦旦。

毕竟，没有"数字"、没有"期限"，我们根本不会有任何动力或者行动方案。举个最简单的例子："我想要减肥"，"我想要在半年内减肥10千克"，两者明显在行动上有着差异的目标设定，关键就在于确定"数字"。

我发觉，很多运动App（移动互联网应用程序）就针对这些人性的弱点，在功能设计上加强了这一块。

像我使用多款骑车、跑步、力量训练、瑜伽等运动App，其中有项功能是让所有用户的好友建立群组，看似互相观摩，实则互相比较。你每周都可以在App中看到自己好友的运动时间排行榜，借着这个机会激励大家，看着这个"数字"拼命运动。

除此之外，还有一款App不时推出各种不同的比赛，譬如"四周燃脂竞赛，每周消耗800卡"，然后只要你用App记录运动数据，系统便会自动帮你记录累积消耗了多少热量，让整个目标"可视化""数字化"，就跟玩游戏过关一样，做着做着、盯着盯着，行动就完成了，目标也达成了。因此，通过这个"三有"的价值，我们就知道，了解"情况"很重要，了解"数字"更重要。

> 了解"情况"很重要，
> 了解"数字"更重要。

同理可证，在项目执行的过程中，"数字"也可以帮我们进行决策与判断，到底这个项目该不该做、该做什么、该怎么做。简单来说，项目的执行过程可以分成三个阶段"项目前、项目中、项目后"来分析。

项目前、项目中、项目后应该关注的问题，见图5-1。

③项目后：
怎么把经验落实下来？
——该怎么做？

②项目中：
目标该怎么调整？
——该做什么？

①项目前：
目标到底合不合理？
——该不该做？

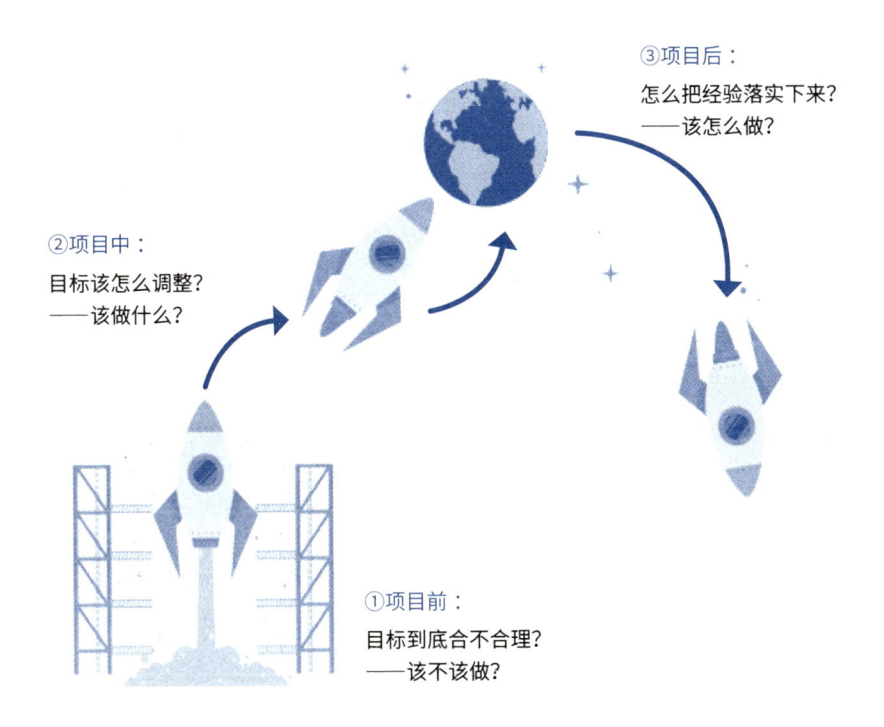

图 5-1　项目前、项目中、项目后应该关注的问题

项目前：目标到底合不合理？
——该不该做？

选择项目是一件非常重要的事情，毕竟公司的资源有限，怎么在资源有限的情况下创造最大的价值，是公司活下去、活得久和活得好的关键。在后面的章节中，我会专门针对怎么选择项目进行深入分析。

在选择之前，最重要的是，我们至少得学会用数字判断这个项目目标到底合不合理，我们才不会过度乐观判断形势，进而投入过多资源，造成损失。

有一次，我帮一家公司审视他们将执行的项目，这是一个非常简单的商品促销方案，负责的项目经理说需要申请一笔预算来推广商品，预计在半年内销售20 000套商品，达成总经理给他下达的业务指标。

但是当我查看该公司过去一年的业绩时发现，全年也不过销售了1 000套商品，而且花费的预算和他这次申请的额度几乎一样。

我就搞不懂：为什么同样的费用可以达成20倍的业绩？

一问之下，这位项目经理的回复又是"使命必达"，因为去年花的费用没有创造符合预期的利润，这次促销活动至少得卖出10 000套商品才能实现收支平衡。因此今年他向总经理承诺的目标是，费用不能增加，但是要卖20 000套商品，才能"使命必达"，并"连本带利"把去年赔的钱赚回来。

原来这个目标数字，是"数学平均"的结果，一个"摊平"的概念。

至于要怎么做才能达成这个目标，该位项目经理一点儿头绪都没有，唯一能够给出的答案就是"使命必达"。

这是什么逻辑？在执行项目前，我们应切记，目标必须合理，合理才能抉择。

> 目标必须合理，
> 合理才能抉择。

项目中：目标该怎么调整？
——该做什么？

再说前面那位市场营销督导调查客户意见的项目，他们后来花三个月的时间进行了大规模在线访谈。

这次不仅将调查的客户人数提高到了将近2 000人，更重要的是，还分析与比较了不同区域、不同规模分店和不同类型客户的意见，结果发现：大概90%的客户，也就是将近1 800人满意该公司的服务，而比较不满意的200人都集中在同一个区域的三家分店。在整合他们的意见之后发现，有将近100人都是对分店的卫生情况不满意，还有80多人对店员的服务态度颇有微词，其他零星意见就只有1至3人而已。

因此，在分析一系列数字之后，该公司的人员很清楚地知道，只需要优化与加强这三家分店的卫生情况和店员服务态度就可以有效提升客户满意度了。

毕竟，这些都是客户反馈的事实，有客观的数字支持，并非主观的判断，所以后续这些调整既可避免内部没有意义的争执，也可以非常有针对性地调动公司内部资源，有效地改善问题。通过上述案例我们可以得出结论：执行项目必须针对客观数字，避免主观认定。

> 针对客观数字，
> 避免主观认定。

项目后：怎么把经验落实下来？
——该怎么做？

所谓"凡走过，必留下痕迹""前人种树，后人乘凉"，不管做任何事情或是任何项目，最重要的是要把项目执行过程中的点点滴滴记录下来，尤其是"数字"这种客观事实，如此一来，公司才有制订计划的参考依据，才有未来该怎么做的基础资料。

就像公司每年年底做的下一年预算计划，就可以把过去一年实际发生的"数字"拿出来参考。

商品数量、放到哪些不同的渠道、这些渠道大概有多少客户流量、这些客户会有多少人实际采购，以及采购数量与采购频次，所有这些信息都有客观数字，可以当作预测下一年销售情况的基础。

不只是公司，个人在制定新年目标的时候，过去一年所有的时间安排，无论是读书、运动、工作还是家人相聚的时间，都可以用当年留下的记录作为来年的参考资料。现在有各式各样功能的App，可以帮助我们记录生活的点点滴滴，特别像有统计时间功能的App。

以我为例，我每年持续训练铁人三项，所以我使用的运动

App，每到月底和年底的时候，都会统计我过去一个月或过去一年的运动数据。我以此作为我未来运动安排的参考资料。

再扩展到很多人每年年初都可能制定的目标：减肥。现在市面上有很多与减肥相关的App，协助记录我们通过各种不同饮食摄取的热量，以及运动消耗的热量，还可以通过计算得出我们可以减重多少千克。如果目标不及预期或是超过预期，我们可以调整未来的饮食或是运动的时间。

过去的数字记录，是未来制订计划的依据。所有一切都是通过"数字"这一关键信息，帮助我们落实目标和行动方案的。

> 过去的数字记录，
> 是未来制订计划的依据。

总之，"情感"沟通可以拉近人们彼此之间的距离，让项目或工作进行得更有温度。但是基于"数字"进行交流和分享，项目目标才更容易达成，进而提升资源运用的效能和效率。

课后练习

（1）以自己明年想要达成的一件事情为例（存钱买房、买车、出国旅游等），同时进行没有数字的定性描述和有数字的定量描述，相互比较一下，有什么差异之处。

（2）关注最近职场上的简报，或者自己以前的报告，试着通过增加定量化的"数字"，看看是否会有文中所说的"三有"价值（有实质意义、有共同认知、有行动方向）。

第6章

数字化转型
为什么需要数字化转型？

- 搞定"不确定"需要实时反馈
- 实时反馈依赖客观数据

> 数据，就是为了搞定"不确定"。

我们生活在这个年代，不管年纪多大，说幸运也很幸运，说焦虑也很焦虑，因为从小到大一路走来，从互联网、移动互联网到物联网，还有无处不在的大数据，整个潮流实在是进展得太快了，让人眼花缭乱。幸运的是，我感觉自己经历了很多事情；焦虑的是，我生怕自己一路追得辛苦又跟不上。

无论是个人生活，还是企业经营，不谈到"数据"，感觉好像都插不上话，跟不上时代。还有很多传统企业生怕搭不上"数据"风口的浪潮，一下子就被"后浪"吞没，所以"数字化转型"似乎就成了不得不为的趋势。

因此，有很多人问我：

(1)数字化转型到底该不该做？
(2)数字化转型到底是什么？
(3)数字化转型到底怎么执行？

数字化转型到底该不该做？

只要有人问我这个问题，我的答案非常简单，就是"应该做，赶快做，认真做"。

1. 应该做

就像整本书开宗明义说的，项目就是玩一场"从'不确定'到'确定'的游戏"，也就是要"搞定'不确定'"。

数字化转型的关键，就是提供完整的数据记录。如果没有任何数据作为支撑，经营者从事经营活动就跟盲人摸象一样，根本不知道自己目前在什么位置，又应该怎么样调整。因此，"数据"可以增加我们的"确定感"。

就像小时候念书，如果我们想忽悠爸妈，说自己学得很好，却没有任何一个客观事实可以佐证，相信聪明的爸妈是不会轻易放过我们的。虽然大多数人都不喜欢考试，但是只要考试成绩一出来，管你是运气还是实力，至少爸妈和老师马上有了一个"修正"对你的印象或是"修理"你的机会。

用客观的数据，搞定不确定的事。这里，令人讨厌的"分数"就是提供支撑的数据，把不确定的学习成果，变成一种客观、确定的存在。

> 用客观的数据，
> 搞定不确定的事。

2. 赶快做

我跟大家说"赶快做"，倒不是说要倾全力，或是以"砸大钱""百米冲刺"的方式，拼命去做数字化转型。

我想表达的意思是，可以赶快开始，只要开始了，就算是"快"了。

至于什么算是开始、怎么样开始，我会放在"数字化转型到底怎么执行"一节来向大家说明。

简单而言，当你看这本书的时候，这就已经算是开始了，然后再理解我接下来说的，什么是数字化转型，以及如何去执行。这样一步一步、一点一点地往前走，就可以说是"小步快跑，快速迭代",以"最小可用"的概念,让自己搭上数字化转型的列车。

就像如果你所在的公司没有FaceBook(脸书)粉丝专页、Instagram(照片墙)、YouTube(油管)、Tiktok(抖音国际版)、Podcast(播客)等社交平台的账号,别管理解不理解,别管那是什么东西,看完这章之后,你就应该立刻去申请账号,开始学习如何运营社交媒体,这就是"开始",这就是"快"。世界上最"快"的事情,就是"开始",就是"行动"。行动就是快,等待就是慢。

> 行动就是快,
> 等待就是慢。

3. 认真做

学习是从"不懂"到"懂",然后通过行动从"懂"到"会",再经过不断刻意练习,从"会"到"精通"的过程。

这就是"认真做"的意思。

很多人都知道或听过"数字化转型",但其实不清楚到底什么是数字化转型,或者说不清楚"数字化"要做什么、"转型"要做什么。

只有当我们认真了解"数字化转型"之后,做起来才不会懵懵懂懂。为了做而做,在追求时尚和随波逐流的情况下,我们很容易不小心花了冤枉钱,如果执行之后没有效果,我们最后也许就会认为"数字化转型其实没什么用"。

如此一来,赔了夫人又折兵,不仅会伤害团队士气、浪费公司资源,更会影响公司内部的学习氛围,错失开展数字化转型这个不得不为的项目的机会。

因此,我们就来认真理解什么是数字化转型,并且学习怎么做数字化转型。

数字化转型到底是什么?

理解数字化转型到底是什么,可以说是"认真做"的关键。

我从事创业投资工作近十年,接触了很多慢慢进行数字化转型的传统行业的管理者,也接触了非常多出生于数字化时代的新生代管理者。这两种不同的管理者,分别从完全不同的视角看待如何用数字来经营个人或公司这个问题。接下来,我就用在企业经营过程中经常涉及的五个方面,以略带"夸张"的问答来比较一下，数字化转型到底是什么。

现在，我充当主持人来提问题，接着再请"传统行业代表"和"新生代代表"回答问题。

补充说明：这些答复并非数字化转型的标准答案，只是为了呈现数字化转型的思维，给大家提供一个鲜活的概念，以为未来如何进行数字化转型指明思考的方向。

问题（1）在线销售：你们是怎么样利用网络销售产品的?

传统行业代表："我们建立自己的官方网站，也会把产品放在不同的电商平台和各大社交平台上，增加产品的曝光度。"

新生代代表："我们会收集不同平台的'数据'，了解自家产品的目标客户的特征，包括性别、年龄、职业、其他关联的喜好等'数据'，然后再设计销售文案、图稿等素材，选择适合目标客户的平台来销售商品。"

由此可知，数字化的目的之一是：分析数据资料，选择相应平台。

> 分析数据资料，
> 选择相应平台。

问题（2）投放广告：你们是怎么样投放网络广告的？

传统行业代表："我们先安排一笔预算，然后制作广告宣传材料，针对新品或促销计划，在不同平台投放广告。"

新生代代表："我们会针对目标客户存量或流量比较大的平台投放广告，也会准备不同的广告文案脚本进行测试，看看哪一个脚本能够让客户印象深刻或转化的效果好，再继续追加广告预算，如果数据显示交易量持续增加，那我们就继续增加广告预算。"

由此可知，数字化的目的之二是：关注广告效果，弹性调整预算。

> 关注广告效果，
> 弹性调整预算。

问题（3）直播销售：你们会怎么样进行直播销售？

传统行业代表："我们认为直播销售就有点像电视购物，通过直播销售产品和服务。当然，我们也会和观众互动，并且给予折扣，让他们产生购买欲望和动力，快速下单完成交易。"

新生代代表："我们会测试各个不同时段的直播效果，看看在什么时段上线的客户比较多，同时也测试不同版本的文案，看看什么样的文案比较容易吸引客户的注意力，进而下单购买。当然，在直播过程当中，我们也会分析与研究某些时间观看人数暴增或者骤降的原因，作为未来直播节奏和文稿设计的基础。"

由此可知，数字化的目的之三是：测试寻求反馈，持续不断优化。

> 测试寻求反馈，
> 持续不断优化。

问题（4）会员管理：你们是怎么看待会员管理的？

传统行业代表："对于加入会员计划的客户，我们都会给他们优惠和折扣，而且数据填得越完整，或者买得越频繁、越多，我们给客户的优惠和折扣力度就越大。"

新生代代表："我们会尽量简化客户注册会员的程序，但是在后台关注会员是从什么渠道获知相关信息的。此外，我们也会定期分析会员的购买习惯，还有关联的喜好事物，这样我们未来选择在线平台的合作方、直播邀请、广告投放时，都可以用比较少的成本，更加精准地锁定客户，让客户买单，获取更大的销售效益。"

由此可知，数字化的目的之四是：减少客户麻烦，掌握客户动态。

> 减少客户麻烦，
> 掌握客户动态。

问题（5）促销活动：你们是如何安排促销活动的？

传统行业代表："针对不同的节庆和假日，我们会提供不同的会员优惠和折扣，通过邮件或是社群软件通知会员。当然，在用户生日或者结婚纪念日等个人专属的重要时刻，我们也会给会员特别的贵宾好礼或是独享的优惠。"

新生代代表："我们会'频繁'地制订促销方案，无论是节庆还是假日，这不仅是为了提升销量，也是为了通过各种不同的促销文稿、视频和折扣优惠方案，去'测试'不同的客户，理解在不同的时间，针对不同的产品组合，会有什么样的销售业绩。如此一来，我们才可以持续找到更好的方式，获得最大的效益。"

由此可知，数字化的目的之五是：没有绝对最好，只有持续更好。

> 没有绝对最好，
> 只有持续更好。

通过前面这五个问题，我的个人心得是，数字化转型可以简单分成"数字化"和"转型"。

"数字化"的主要目的就跟前文所说的"关注数字"是一样的，关键在于把客观的数字记录下来，作为未来积累经验或是做出决策的参考资料，而不会出于主观喜好做出判断。

"转型"是建立一套"持续改善，不断测试、优化"的思维模式，抛掉"拥抱成功公式"的想法，因为不确定的未来会一变再变，也就是"没有最好，只有更好"。总的来说，数字化是为了记录客观存在的数字，转型是为了测试更好的执行方法。

> 数字化是为了记录客观存在的数字，
> 转型是为了测试更好的执行方法。

数字化转型的目的，见图6-1。

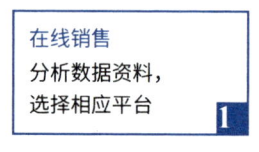

```
┌─────────────────┐
│ 在线销售         │
│ 分析数据资料,    │
│ 选择相应平台   1 │
└─────────────────┘

┌─────────────────┐                        ┌─────────────────┐
│ 投放广告         │  数字化是为了记录客观存在  │ 促销活动         │
│ 关注广告效果,    │  的数字,转型是为了测试更  │ 没有绝对最好,    │
│ 弹性调整预算   2 │  好的执行方法            │ 只有持续更好   5 │
└─────────────────┘                        └─────────────────┘

    ┌─────────────────┐        ┌─────────────────┐
    │ 直播销售         │        │ 会员管理         │
    │ 测试寻求反馈,    │        │ 减少客户麻烦,    │
    │ 持续不断优化   3 │        │ 掌握客户动态   4 │
    └─────────────────┘        └─────────────────┘
```

图 6-1 数字化转型的目的

数字化转型到底怎么执行?

现在,你应该已经知道了数字化转型是一种必然趋势,也知道了数字化转型的本质是为了记录、反馈和优化。那么,我们到底该怎么开始执行数字化转型呢?

我总结了数字化转型的三个阶段,见图6-2。

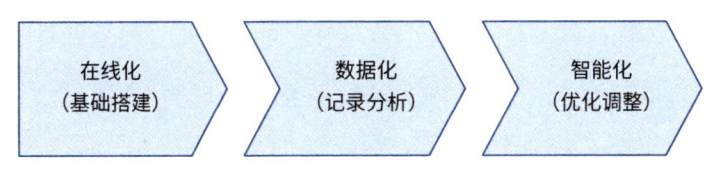

在线化（基础搭建）→ 数据化（记录分析）→ 智能化（优化调整）

图 6-2 数字化转型的三个阶段

1. 在线化

很多人都觉得只要把公司的产品和服务从线下搬到线上，就算完成"在线化"了。

其实，通过前面这么多描述我们就可以知道，数字化转型真正且最重要的目的是"记录"。因此，如果纯粹只把产品和服务放到了自己的官方网站和各种社交平台上，甚至是放到不同的销售平台上，这种方式就跟把产品放到超市、便利店或是大卖场等各种不同渠道一样。如果我们只是这样做，那就没有真正做到"在线化"。记住，数字化的目的是"记录"。换句话说，这一切都是为了记录客户行为、记录销售流程。

> 记录客户行为、
> 记录销售流程。

举例来说，我们在建立官方网站之后，无论是用计算机或手机浏览,都可以说是完成了"在线化"的第一步。但是针对"记录"这个目的,你得观察官方网站是否能收集客户来自何处,能不能留下客户浏览网页的所有过程,包括停留在网页的时间、浏览商品的时间以及留言反馈等,甚至从客户下单之后到客户收到产品,我们的产品是否能在承诺的时间之内到达,以及客户对购买流程的满意度和购买后的使用状况等。

如果再从测试商业模式流程的观点来看,"在线化"肯定不仅应该把产品和服务放到自己的官方网站上,而且应该通过各种不同的平台,还应该利用团购和社交网站记录并评估不同平台的客户流量、客户分类、客户行为,以及不同的销售流程、支付工具、运费、物流情况,甚至所有的客户反馈等。

看到这里,很多人可能会大叹一口气,觉得"在线化"没有想象中那么容易。可是换个角度想,你也可以因此推断,其实还有很多厂商和竞争者没有真正进入"在线化"的领域,而这也是我们有机会后发先至、弯道超车的关键。

2. 数据化

其实只要了解"在线化"的真正目的,也就是"记录"之后,我们对于"数据化"的概念就会了然于胸了。

因为记录的目的就是收集数据，而收集数据的目的就是得到"客观的事实"，而不会在决策过程中基于"主观的认定"做判断。

因此，有时候我们也可以逆向思考，如果你想要得到某项"数据"，那么当你设计"在线化"的时候，就要把可以收集这项数据的功能和方法加进去。

譬如说，我要销售在线视频课程，但是我想了解自己在视频中讲话的语速是慢还是快，未来要怎么调整。

通常来说，这种"是慢还是快"就是一种非常主观的判断，不过当我在视频中加上可以让语速变慢或变快的功能（现在很多播放视频和音频的App都已经有这样的功能了），这个时候我就有机会在后台收集所有观众的播放记录，看看他们是否使用了调整语速的功能，如果使用快放功能的人多，就代表我的语速过慢，如果使用慢放功能的人多，就代表我的语速过快。这种一目了然的记录可以让我知道未来说话时的语速应该如何调整。

3. 智能化

如果说"在线化"是"基础设施"，而"数据化"是"记录分析"，那么"智能化"就是最终的"优化调整"了。

很多人看到"智能"两个字，很可能脑海中浮现的都是人工智能。其实会这样想也不为过，因为上面说过，所有的记录都可以以数据的方式被保存下来，而我们能根据这些数据来理解用户的喜好，那么为什么我们不能直接通过自动化调整，也就是"智能化"的改善措施来满足客户需求，进而让更多客户买单，完成更多交易，提升公司业绩呢？

就像前面销售在线课程的案例，如果我发现后台的记录显示，有非常多客户在观看视频的时候，喜欢用1.5倍速度播放视频，那就说明我在视频中的语速稍慢了一点。

这些记录让我有了改善的方向，可以在未来录制视频的时候加快自己的说话速度，进一步满足用户的需求。

但是，如果系统本身就有"智能化"的改善功能呢？举个例子说，我们可以预先设定系统，只要有客户操作快放功能，未来该客户播放视频的时候，"智能化"的系统就能够自动把视频调整为快放模式。如此一来，完全不需要人为统计分析，再手动调整，或是改变自己录制视频的语速。只要主讲人维持他既定的风格，通过用户自己调整快放或慢放功能，然后系统智能化记录用户的操作，并且默认用户的习惯之后，平台上的视频就可以自动满足不同客户的需求了。

总之，数字化转型这项工作，说简单也简单，说困难也困难。

简单的是，只要有开始，只要有行动，进入数字化转型领域，公司就开始变强了。

困难的是，就像项目管理是玩一场从"不确定"到"确定"的游戏一样，"数字化转型"没有一个真正的成功公式，没有一个不变的标准流程。

但是，通过了解数字化转型的本质、目的，以及本书提供的三个循序渐进的执行步骤，再搭配前面所说的数字化转型应用（传统行业代表和新生代代表的五个不同的答案），我相信"搞定'不确定'"就不是难事，也可以持续调整优化，让未来的一切变得越来越好。

课后练习

（1）试着以自己所在的公司为例，看看数字化转型三个步骤是否已经开始，进展到哪一个步骤了。

（2）如果你想要创造一种"斜杠"人生，进而增加额外收入，那就试着用今天学习到的数字化转型观念和方式，写下一个 500 到 1 000 字的计划书，其中涵盖怎么"收集记录、分析反馈、测试优化"的执行方案。

第7章

项目时机
什么情况下适合推动项目？

· 肌肉是练出来的
· 山顶是爬上去的

> 时机，是在工作中自然出现的。

无论是在"项目管理"的课堂上，还是在平常和朋友聊天的时候，大家常问我下面这些问题：

"到底什么时候比较适合推动项目？"
"对啊，没有适合的人才，我要怎么推动项目呢？"
"平常工作都够忙了，我怎么让大家愿意做项目呢？"
…………

每次回答这些问题时，我都会想起自己在2015年刚开始骑自行车上阳明山风柜嘴的经历。

我记得自己第一次骑自行车上阳明山风柜嘴后累得够呛，之后还被怂恿买了一辆专业的捷安特公路自行车。接下来，你也许会以为我从此过上了幸福美满的日子，变成了强大的"公路自行车达人"。

并！没！有！

开始，我骑别人的车上阳明山，然后累得够呛。

后来，我骑自己的车上阳明山，然后还是累得够呛。

实在很难想象，短短6千米的风柜嘴的山路，可以把人累得趴下。不过，别看我如此弱，带着我骑车的两位教练都比我大10多岁，却可以"脸不红，气不喘"地轻松上山。

他们两位都是铁人三项的"大神级"人物，不管我刚买了自行车，也不管每次我骑车上山感觉像快升天了，更不管我是否还想继续跟他们做朋友，他们只持续不断试图向我"种草"：

"你要不要去参加年底阳明山的87千米山路赛事？那个赛事叫作'阳金3P'，3个Peak（峰顶），小油坑、风柜嘴，加上冷水坑，非常好玩啊！"

"你要不要参加铁人三项啊？除了骑自行车之外，还有游泳和跑步，不会只有骑车这么单调，运动项目会变，而且可以看不同的风景，非常好玩啊！"

那时候听到这种邀约，我心里就在想："我骑完6千米的风柜嘴的山路就快'挂掉'了，你们还要我去参加87千米的阳明山山路比赛，难不成真把我当傻子吗？你们还要我参加加上游泳和跑步的铁人三项，是嫌我骑车不够累吗？还非常好玩？我看你们是想把我玩死还差不多！"

我完全不想理会这种没有人性的"种草"行为。反正你讲你的，我骑我的。

"他强任他强，清风拂山岗；他横由他横，明月照大江。"

他们每天都跟我讲同样的话，我就每天安安静静地骑车，然后从6千米增加到10千米，从10千米增加到30千米，再从30千米到60千米、80千米、100千米。然后，我突然发现，自己平时骑车练习的距离已经超过"3P比赛"的距离了，然后……我就去参加比赛了。

接着，我不小心被拉去跑步、游泳，跑着跑着、游着游着，我就发现跑步、游泳和骑车加在一起，也还蛮舒服的。然后，练着练着，我又去参加铁人三项比赛了。

后来，蓦然回首一路的点点滴滴，我发现自己并非因为要参加比赛才持续练习，而是因为持续练习才能够参加比赛。

在持续不断练习的情况之下，我才理解"所有比赛也只不过是练习的延伸"这句话。换句话说，练习就是一种比赛，比赛也是一种练习。

> 练习就是一种比赛，
> 比赛也是一种练习。

同样，回到一开始的问题："要人才没有人才，要时间没有时间，那到底什么情况之下才适合推动项目？"

这样的问题，就像在我刚开始骑车的时候，别人就问我要不要参加比赛。刚开始运动的我，可以说是"要体力没有体力，要技术没有技术"，那我到底要在什么情况下才适合参加比赛呢？

答案其实很简单，就跟前面练习和比赛的顺序一样，不是因为具备能力才推动项目，而是因为推动项目才具备能力。

> 不是因为具备能力才推动项目，
> 而是因为推动项目才具备能力。

第 2 篇
心法养成

项目管理是玩一场从"不确定"到"确定"的游戏,既然要"搞定'不确定'",那就要在"不确定"中学习。因此,"任何时机都是最好的时机"。这就像我们玩游戏一样,一直打怪,一直过关,一直突破,一直变强。简单来说,不是足够强大才能解决问题,而是解决问题才能足够强大。

> **不是足够强大才能解决问题,**
> **而是解决问题才能足够强大。**

总之,我再次强调,最重要的核心观念是:

- 任何时机都是推动项目最好的时机。
- 推动项目的过程就是能力累积的过程。

就跟所有训练一样,通过时间淬炼,我们会不断提升自己的能力,而根据我过往推动项目的经验,在职场的工作环境里,大致上会经历四种不同复杂度、困难度逐步增加的项目阶段。对个人或是企业来说,我建议及早开始进行第一阶段的项目"练习",如此一来,未来面对其他阶段的项目"比赛"时,我们才可以将其视为"练习的延伸",从容地面对任何项目。

第一阶段:练兵——培养独当一面的人才

说句老实话,从进入职场开始,每个职场人做的任何事情或工作,其实都是项目。

就算有人说,我做的是"规律性工作",日复一日、年复一年,都是一样的,不能算是项目。依照我之前的定义,面对"不确定的未来",才能称为项目啊!

真的是这样吗?

我记得在自己进入半导体行业工作的第二年,我参加了一个财务改善工作流程的分享会,其中有一位专门处理应付账款的员工,每个月都要处理好几千笔厂商付款,也就是要收集好几千张厂商发票。后来她突发奇想,就请厂商的采购人员和物料使用单位,直接汇总每个月的采购物料的数量,然后月底给物料使用单位签字,厂商只要针对汇总的数字,开一张发票就好了。如此一来,这位处理应付账款的人员,一下子就从每月要收集好几千张发票,骤降至每月收集不到一百张发票。这不仅让她的工作负担大幅降低,更重要的是,这也让她加快了处理账务的速度，让厂商更快收到账款。可以说，这是个皆大欢喜的流程改善项目。

例如：以往公司每次向厂商采购物料，厂商就要开一张发票，如果购买100次，就要开100张发票。但如果改成公司每次采购物料时，向物料使用单位登记采购数量，厂商和物料使用单位互相签字认可物料的使用数量和金额，等到月底一起结算，如果这个月购买了100次物料，每次100元，月底时就汇总金额10 000元，并开一张10 000元的发票即可。

应付账款处理流程改善项目，见图7-1。

像这样，明明是一份"规律性工作"，但实际上执行者的做法不一定是我们熟悉的那种"规律"，可能会有各种"不确定"的改善方式。这种"把规律看成'不确定'"，想要事情做得"好还要更好"的态度，就是项目的基础，也是学习"做事"最重要的基本功。

除了学习做事的方法之外，怎么安排"计划"也是非常重要的训练工作。

就像我在半导体行业工作，有一段时间待在流程改善部门，我的老板是一位非常好的导师，他常常说，需要改善的流程，不仅仅要关注"空间"，更要关注"时间"。

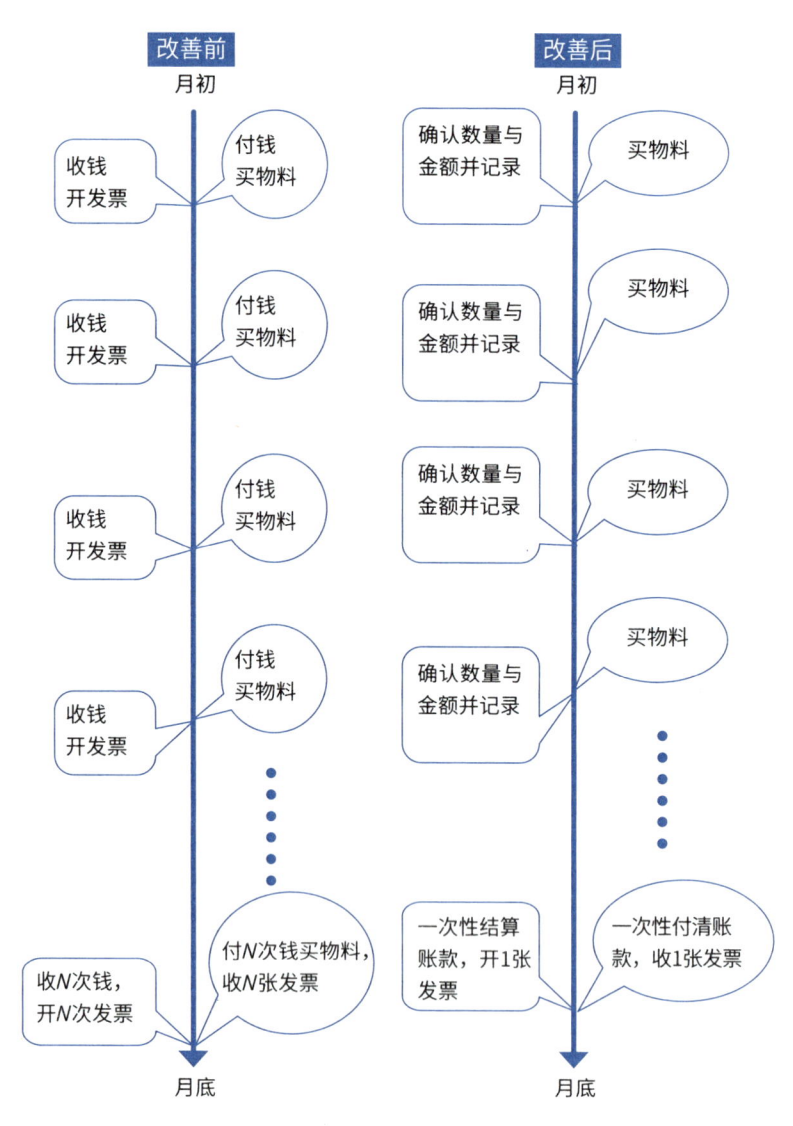

图 7-1 应付账款处理流程改善项目

这个时间上的流程改善，可以从每天早上规划一天的工作安排开始训练。

因此在每天的晨会上，他要求我们汇报当天的行程，以及安排的理由。配合别人安排的工作就算了，如果是自己安排的工作，他就会问我们为什么这样安排路线、为什么要这样安排访谈……

这是为了让我们思考，如何安排外出路线可以节约时间、怎么样安排访谈能让信息串联更有逻辑，并在后续撰写报告时效率更高。

从每天到每周，再延长到每月、每年，我们慢慢地就能养成做计划的能力。

项目从小做起，才能逐渐做大。这不只是积累经验，更是孕育人才。

第二阶段：整合——打破组织之间的藩篱

我常听人说"做事容易做人难"，这么说最主要的原因在于，事情的变化往往不及人的变化大，何况很多事情的变化都来自人的变化。

因此，在学习了怎么计划和怎么做事之后，我们接着要理解怎么做人和怎么与人相处。

沟通和做人是一辈子的事，其中的学问和道理是永远都学不完的。如果要买相关书籍的话，恐怕一卡车都装不下。但是，我认为，有三个沟通和做人的秘诀可以持续不断地练习，永远不过时，而且简单、易懂、易学，那就是"学听话、学观察、学交换"。

1. 学听话：理解特殊语言

我一开始进入台积电和力晶这些半导体行业的公司工作的时候，每次开会大家都说得很开心，而我身在其中也假装听得很开心。因为在讨论过程中，大家从头到尾都会用很多专有名词、缩写、行话，明明大家都是用中文在说，我却感觉自己像个化外之民。

后来，我加入淡马锡集团，进入金融圈，不仅工作领域是全新的，还要面对很多新的术语，再加上我因为工作关系需要面对来自不同地域的各行各业的人，被各种不同的方言反复"冲击"。

因此，认真学听话，学着听懂别人的话，理解其中的真实含义，才有机会做出正确的应对。

这是最重要的第一步。

补充说明： 理解对方的语言真的是沟通最基本的要素。我刚开始在大陆工作的时候，听到"输液""挂水"就"丈二和尚摸不着头脑"，后来我才知道这其实就是"打点滴"。

2. 学观察：学习察言观色

部门和部门之间本来就存在很多利害关系，除了业务上的竞争关系之外，在更多情况下，部门和部门之间的关系可能是由部门领导之间的关系决定的。

因此，我们在推进项目的时候，了解不同部门、单位之间的"人际关系"，就显得格外重要。这也是能够在推进项目的过程中，整合不同部门的力量，共同为达成项目目标而努力的重要基础。

举例来说，我在半导体行业的公司工程部任职的时候，我有一次担任项目经理，需要寻求后勤部门的支持，但是后勤部门的主管和我所在的工程部的主管水火不容。因此，当知道这种情况且需要该部门支持的时候，我就没有选择通过正式会议的方式邀请他们加入项目，而是私底下帮了他们部门很多忙，甚至常常邀请他们一起聚会，也借机邀请他们部门的主管参与聚会来培养友情。

就这样，我自己不断主动和他们建立联系，最后还是后勤部门的主管主动提出要全力支持我的项目。

毕竟，谁和谁合不来，我知道就好了，但是只要别人愿意和我合作，就可以顺利推动项目进行。

3. 学交换：价值互通有无

常言道，人与人之间的关系都是双方共同维系的。伸手不打笑脸人，你对我好一点，我对你好一点，其实说到底，这就是一种"价值交换"。

就像在前文说过的，任何项目在进行过程中，项目经理都要尽量贴心地了解项目组成员如何在项目执行过程中得到好处。如果项目组成员看不到好处，项目经理就要设计出给项目组成员的好处。这才是有价值的互通有无的过程，别人也才会想帮项目经理干活，参与项目经理的项目。

就像每个人每天上班，其实是参与"让公司活下去"的项目，或者说"让公司赚大钱"的项目。

如果换个角度想，假设公司不付你工资，你会参与"让公司活下去"的项目吗？又或者公司不给你额外的奖金，你会拼命达成"让公司赚大钱"的项目目标吗？

因此，只有了解了价值，知道如何互通有无，才能真正达到"整合"的目的。就像公司理解了工资和奖金的价值，也知道怎么互通有无地用工资、奖金来整合一群共同努力的员工和主管，才能够真正达成让公司"活下去"和"赚大钱"的项目目标。

第三阶段：革新——推动企业重大改革

很多人都知道"危机也是转机"，但不见得所有的危机都能成为转机，如果没有第一阶段计划和做事的能力，也没有第二阶段沟通和做人的能力，那么第三个阶段要想掌控风险、掌控全局，把危机变成转机就没有这么容易了。

就拿此前的新冠疫情来说，很多企业在当时都面临生死存亡的考验，尤其是以线下销售为主的商家，业绩都呈现断崖式下滑。

在这种情况之下，大家一窝蜂地想把业务转到线上或者在电商平台上销售产品和服务。

在我了解的能够熬过疫情的企业中，不少都属于传统行业，甚至它们刚开始是只从事线下业务的公司。就算临危受命，遇上了百年难得一见的危机，但是凭着过去缜密的计划和做事能力,还有长期积累的信用、善于沟通和做人的能力,尽管线上销售对他们来说是个全新的领域,他们却知道怎么在入不敷出的情况之下,"该节约的地方节约""该割舍的地方割舍",先控制风险。

然后慢慢地稳定人心,将线下业务到线上业务的转换流程顺利地建立起来,接着耐心地培训员工并进行实际操作,让他们习惯不同的销售方式,再慢慢地把线下的客户一点一滴地拉到线上。

简单来说,就是让公司、员工、客户、流程这个整体,稳稳地重新站起来而不至于乱了、散了。

这个从线下业务到线上业务的转换过程,虽然是"江湖一点诀,说破不值钱",但是真正的关键,还得靠在第一阶段和第二阶段稳扎稳打,累积实力。

第四阶段:兴利——从无到有新创项目

自从多年前进入创投这个行业后,我接触了很多创业者,无论是第一次创业还是连续创业,甚至是在同一个集团内开展新的事业或品牌,简单来讲,这些都属于一个从无到有的新创项目。

一切"从头开始",肯定要"计划和做事",也需要"沟通和做人",更需要"掌控风险"和"看清局势",也就是学习"控制风险和做局"。也就是说,对于创业者来说,前面的每个阶段都是必须经历的。

这也是为什么创业是一个"屡战屡败、屡败屡战"的过程,因为每一次创业的经验,都是未来成功的养分。

很多人都说自己"创业失败"了,但我常常告诉他们,那只是"暂时停止成功",因为没有经历过这些阶段,本来就不容易一下子成功。

就算成功了,其中很大一部分原因可能是运气好。因为在太容易成功的情况下,你并不知道可能遇到的障碍是什么、可能遇到的难关是什么,如果下次碰到了类似的问题,你可能就躲不开了。

因此有人说,要用智慧的眼光看待未来,并且要勇敢"做梦"、勇敢去想。但是要有眼光、有梦想,也不要忘记"行远必自迩,登高必自卑",这也就是所谓的"万丈高楼平地起""罗马不是一天建成的"。

这就是第四个阶段,"眼光"和"做梦"是最关键的因素。

总之,如果有人问我:"什么时候是推动项目最好的时候?"我永远都会回答:"什么时候都是推动项目最好的时候!"

项目四个阶段的学习重点，见图7-2。

第一阶段：练兵——培养独当一面的人才

1. 学习计划和做事

第二阶段：整合——打破组织之间的藩篱

2. 学习沟通和做人

第四阶段：兴利——从无到有新创项目

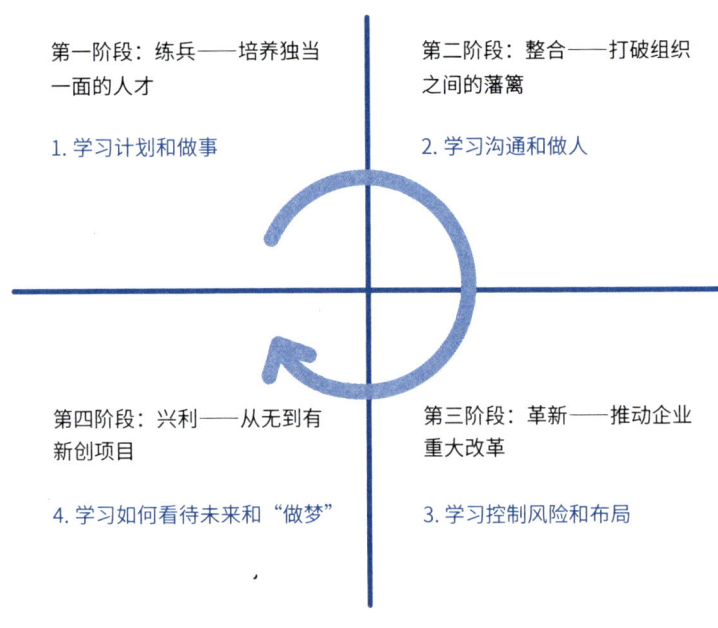

4. 学习如何看待未来和"做梦"

第三阶段：革新——推动企业重大改革

3. 学习控制风险和布局

图 7-2　项目四个阶段的学习重点

> 课后练习

（1）以自己的生活为例，无论是学习、运动还是减肥、旅游，尝试将其套用在项目上，看看这些项目经历了文中四个阶段的哪些阶段。

（2）以职场上的项目为例，说一说在项目执行过程中你学习与收获的经验，看看这些经验来自上面四个阶段的哪个阶段。

第8章

项目经理
什么样的人适合做项目经理？

- 愿意，搞定"不确定"
- 利他，团结力量大
- 好奇，好还能更好

> 蹲低，才能够跳得更高。

在服完兵役之后，进入职场不到一年，我就开始担任公司内部项目经理的角色。事实上，我们那个部门大概只有五六个人而已，部门本身在公司的职责定位，就是协助企业内部不同部门改善各种项目。

进入公司不到一年就担任项目经理，与其说我本身具备项目经理的特质，倒不如说我通过不断练习，理解项目经理需要具备哪些条件，然后在整体行为和心态模式上拥有了项目经理必须具备的特质。这比较符合我当时的实际情况。

我记得那个时候，我的老板，也是训练我和部门同事成为项

目经理的主管,最常挂在嘴边的口头禅就是三句话:

"想那么多干吗?说'好',去做就对了。"
"不要老爱出风头,要把功劳让给别人,要不然谁愿意帮你?"
"哪有什么不会的?不会,那就去学啊!"

我记得研究生毕业的时候,一位学长给我的毕业赠言是:

"三百六十行,哪一行最好?'跟对人'这行最好。"

听到学长这句话的时候,其实我的心中并没有太多感受,可是多年之后认真回想起来,一开始进入职场的时候,就遇到一位好老板,帮我建立正确的价值观,这真的比进入一个好行业赚很多钱还要重要。

我很幸运,在做第一份工作的时候,就"跟对人"了。尤其是我的老板一天到晚喋喋不休的三句口头禅,我后来认真思考,还真的就是培养一名项目经理必须具备的三个重要特质,也可以说是思维模式。

（1）愿意——拥抱"不确定"，接受挑战。

（2）利他——善于帮助他人，成全他人。

（3）好奇——喜欢解决问题，乐于学习。

愿意——拥抱"不确定"，接受挑战

"想那么多干吗？说'好'，去做就对了。"

说实话，一开始听到老板这么对我说的时候，我心里就想："你又不是我，你叫我说'好'，去做就对了。问题都是我在处理，麻烦都是我在承担，然后你身为老板，闲坐在办公室里没事就可以享受项目成果，说到底，到底是我好，还是你好？"

看到这里，对这样的场景，你有没有感同身受？没错，这是因为问题是项目经理处理的，麻烦也是项目经理承担的。

因此，当我说"好"的那一刹那，所有的经验就在我身上开始累积、发酵。所有项目中原来想象的"不确定"的，在我着手处理问题和承担麻烦之后，一点一滴变成"确定"的。

如果没有那声"好"，没有那个"愿意"，后面发生的所有事情就都与我无关了。因为原来在我心中的那些"不确定"的，在我放弃了"愿意"、放弃了经历后,永远都是"不确定"的,绝对不会成为"确定"的,更不会成为自己的宝贵经验。

因此,第一份工作养成的习惯真的非常重要。后来,就算我离开了这个以项目主导的团队,说"好"和"愿意"的习惯,似乎也建立起来了。

在接下来的职业生涯里,虽然在新的工作地点、新的职务、新的领域中遇到新的麻烦、新的问题,但我习惯性不让自己说"不",先在心里说声"好",接下来再认真去想该怎么做,只要有想法就好办了。

这也让我想起自己在大陆工作的时候听到的顺口溜:"只要思想不滑坡,办法总比困难多。"

回头再看看"愿意"这个思维,我特别心有戚戚焉。写到这段的时候,我还突然想起来,我以前的老板常常说的另外两句话:

"吾少也贱,故多能鄙事。"
"老狗变不出新把戏。"

想到他常常戏谑地告诉我们,别把自己搞得这么高贵,别倚老卖老，把自己的姿态放低一点，把自己当新人，这样才能够学得多、会得多，也能有更多新把戏。

愿意，是一种"内在驱动力"。

这种力量远比外在权力指派更容易成为推动自己做事的持续动力。

也许很多人像我一样，一开始接到任务的时候都是百般不愿意，如果你也有这样的困扰，或许我可以分享给你一个小秘诀。

那就是，每当"心不甘情不愿"接到任务的时候，你可以试着拿起纸笔，硬生生地思考这个工作可以带给你的"十大好处"（写不出十个，写三五个也行），奋笔疾书写出来。

然后，每天早、中、晚看三遍，不用一个星期，你就会慢慢开始喜欢上这项任务，而且做得比别人更好、更带劲。

好处让自己愿意，愿意让自己喜欢。读完这章之后，你今天不妨就拿一个你近期接到的任务试着做做看。

> 好处让自己愿意，
> 愿意让自己喜欢。

利他——善于帮助他人，成全他人

"不要老爱出风头，要把功劳让给别人，要不然谁愿意帮你？"

这也是我担任项目经理的时候，最常被老板耳提面命的一句话，也是让我觉得最愤愤不平的一句话。

毕竟半导体行业企业的规模都非常大，每个人负责的工作内容几乎都是"一个萝卜一个坑"，涉及的工作范围不广，能够凸显自己绩效的机会也不是很多。

担任跨部门、跨组织的项目，可是项目经理千载难逢的机会，可以让自己的能力被别人看见，甚至一马当先凸显自己、展现自己，为什么还被要求不要出风头，甚至要把功劳让给别人呢？

但是听到老板这样说，他又是给我绩效考核打分的人，所谓"人在屋檐下，不得不低头"，我只得压抑自己锋芒毕露的意图，尽量凸显每位项目组成员的功劳和成果。

因此，在召开项目启动会议的时候，不管别人怎么介绍项目组成员，身为项目经理的我们每次都是"隆重"介绍每位项目组成员，包括成员过去在职场上的优秀业绩，甚至是每个人的兴趣、工作以外的专长。后来，我们把这个介绍"仪式"优化制作成动画简报或是简短的视频，让每位成员像明星一样被引荐出场，甚至让每个人说出自己对这个项目的期许、对项目的承诺、希望达成的目标，还有最重要的一点——这个项目对他而言，会带给他什么样的"好处"。

然后在项目推进的过程中，每一次的期中报告，项目经理会汇报每位项目组成员的贡献，再请项目组成员反馈他们在项目推进过程中的心得、学习到的有价值的内容和接下来可以修正的部分。会后，项目经理汇总所有的"功绩"与"贡献"，然后分别传送给每位项目组成员的直属主管。

等到项目结案的时候，我们通常会举办一场成果发表会，让参与项目的每位成员发表他们在项目推进过程中付出的努力和取得的成果，同时也邀请所有成员的直属主管一起参与，并且制作成视频。千万不要小看最后的视频，这不仅对于未来的项目学习与改进有非常大的帮助，也可以非常清楚地记录每位项目组成员对这个项目投入的心血，让项目组成员的直属主管了解属下参与项目的情况，好在评估绩效考核的时候，把下属在项目上投入的精力纳入评分考虑因素。

这种做法和安排是基于老板告诉我们的那句话。身为项目经理，除了完成项目目标之外，最重要的是让项目组成员付出的努力和取得的成果被"看见"。这是给项目组成员最基本的"好处",也是对项目组成员最基本的尊重。

无论项目组成员是否因为参与项目而获得升职加薪的机会,但是这些贴心的做法,会让别人愿意在未来继续与项目经理合作。

说实话,我从一开始满心不愿意,要压抑自己的锋芒,彰显别人的功劳,到最后顺着老板的话去做,结果就是,每做完一个项目,我就可以结交很多朋友,而且收到满满的感谢。这些感谢,不仅来自项目组成员,还来自项目组成员的直属主管。随着时间推移,这些"好处"终于能够慢慢体现出来:成功,就是帮助别人成功;功劳,来自彰显别人的功劳。

> 成功,就是帮助别人成功;
> 功劳,来自彰显别人的功劳。

好奇——喜欢解决问题,乐于学习

"哪有什么不会的?不会,那就去学啊!"

说到这句口头禅,应该是身为项目经理的我,被说得最多的一句话。

我要重申我对项目管理的定义:"玩一场从'不确定'到'确定'的游戏。"既然项目包括一连串"不确定",因此在项目推进过程中涉及的很多领域、知识、流程、人际关系等,都会持续变化,也会持续推陈出新。

因此,在推进项目的过程中,身为项目经理,一旦碰到新的议题和新的情况,"不懂""不会""不清楚"是非常正常的事(这句话很重要,请项目经理自己读三遍)。

尤其是在半导体行业,虽然我的专业就是工业工程,但还是有一堆知识让我"一个头两个大",其中既包括艰深的电子工程知识,又包括令人头脑发涨的材料工程知识,还包括令人连名字都很难记住的各种机器设备的相关知识。就算这些知识不是天书,也够我学习很久的。

身处这个行业,免不了任何项目都会涉及相关专业知识,因此在项目推进过程中,身为项目经理的我们,每次向老板报告的时候,总是会有类似下面这样的对话:

"我不懂这个设备是干什么用的……"

"这个涉及电子工程的专业知识,我不会……"

"为什么研发要用这种材料,我不是很清楚……"

一旦我这样起头,老板就会连珠炮似的用他的口头禅向我开炮:

"不懂就去搞懂啊!"

"不会就去学会啊!"

"不清楚就去弄清楚啊!"

虽然我很不爽,但是面对老板这种铿锵有力的回应,我当时不知道怎么回应,事后却觉得他说的话好像很有道理,"不懂?不会?不清楚?那就去搞懂、学会、弄清楚啊"。

有趣的是,久而久之,日复一日,反正我也知道老板不接受"不懂、不会、不清楚"的回答,自己也开始慢慢习惯"搞懂、学会、弄清楚"之后,再向老板汇报。项目经理当久了,渐渐地知识越学越精,能力越练越强,会的事情越来越多,懂的道理越来越深。

> 知识越学越精,
> 能力越练越强,

> 会的事情越来越多，
> 懂的道理越来越深。

过了好多年之后，我当初的贵人——我的老板已经离开人世了，但回首来时路，我终于能够理解，原来他每天说的口头禅是为了：

一直不断地提醒；

一直不断地耳提面命；

一直不断地告诉我们要记住；

一直不断地帮助我们养成习惯。

然后一点一滴，日积月累，我们终于具备了三个重要特质和思维模式：愿意拥抱"不确定"，接受挑战；利他是善于帮助他人，成全他人；好奇在于喜欢解决问题，乐于学习。

另外，还有两项也是身为一位好的项目经理需要具备的重要特质和思维模式：变小，能够变得更大；蹲低，能够跳得更高。

> 变小，能够变得更大；
> 蹲低，能够跳得更高。

课后练习

（1）除了文中分享的三个特质之外，你觉得还有哪些特质是一个好的项目经理必须具备的?

（2）根据你过去参与过的或是领导过的项目，评估领导者或你自己是否具备文中介绍的三个有助于推动项目的特质，试着举例分享。

第3篇

架构执行

9. 项目主题（Theme）：努力，更要关注"选择"
10. 项目目标（Target）："少"，就是多
11. 项目任务（Task）：随时"同步"，紧"盯"目标
12. 项目工具（Tool）："够用""好用""常用"
13. 项目时间（Time）：有"意义"，有"压力"
14. 项目团队（Team）："意愿""能力""默契"

第9章
项目主题
要怎么选择项目？

- 努力一定是必要的
- 选择有时更重要

> 选择，是必要且持续的智慧。

我们在一生中会不断面临各式各样的选择，包括选择哪一家幼儿园，哪一所小学、初中，选普通高中还是职业技术学校，接着是大学要选什么专业，要不要继续念研究生，毕业后要选择从事什么工作，买什么样的房子，等等。

有句老话说："男怕入错行，女怕嫁错郎。"其实这个"怕"字，就是担心做了错误的选择。

在大陆工作的时候，我有一次参加演讲，听到一个小故事，说有一对双胞胎男孩都是"80后"，在大学本科主修的都是与新闻媒体相关的新闻传播学专业，成绩也都特别好，他们都是大家心目中的"学霸"。

到了毕业的时候,大家各奔东西,准备选择入职的公司。哥哥比较保守稳重,决定选择传统的知名报刊,希望能够学以致用,发挥所长,在大众传播的专业领域闯出一片天。

虽然长相几乎一模一样,但是兄弟俩的个性迥然不同,弟弟不仅喜欢挑战新鲜事物,而且好奇心"爆棚"。最后他决定进入做社交起家的网络媒体公司,而选择这家公司的理由也很"奇葩":因为这家公司的产品名字很有意思,叫作QQ。

看到这里,我想大家要么会心一笑,要么惊呼找工作怎么跟买彩票一样。可想而知,这两兄弟的职业生涯一定非常不同。

就算两位男孩都非常努力、认真工作,一帆风顺地在各自的公司里晋升至高层管理岗位,但无论是薪资收入、福利待遇,还是思维、视野,甚至是工作状态、生活节奏,他们之间一定存在非常大的差异。

在这里,我想要大家关注的是,我并没有用"男怕入错行"来强调这两兄弟选择的行业孰优孰劣,我只是想很中立地告诉大家:选择不一样,结果就不一样。

至于是好是坏,从来没有客观的判断标准,只是看你想实现的目标是什么。

如果兄弟两人当初在选择工作的时候,都设定了一样的目标，打个比方，都想在10年之内存款达到200万元，而且两人固守岗位，没有兼职收入，没有换工作，认真努力存钱不乱花，那显而易见，就算两个人一样拼命工作，弟弟达成目标的速度可能比哥哥快很多，毕竟他选择了QQ，也就是大家耳熟能详的"腾讯"。

人生其实就是一个"不确定"的旅程，但是你会在每个阶段设定一些"确定"的目标。换句话说，每个阶段都是一个不同的项目。

就像这个案例中兄弟两人的故事，在选择职业的这个阶段，呈现出了两种截然不同的项目形态。

我之所以刻意举这个反差很大的例子，就是想在项目"主题选定"（Theme）这个部分告诉大家，"选择"在项目管理的过程中扮演了非常重要的角色。

一般来说，在选择项目主题时，我们最关注的问题大体包括三类：

（1）怎么选择才最好？

（2）为什么要这么选？

（3）选择是否可以改？

怎么选择才最好？

在通常情况下，我们在选择项目或是选择做什么事情的时候，其实选择的条件很简单，就是对我们一定要有好处，而这个好处对每个人、每个组织不见得一样。

如果只是用"好处"两个字做定性的回答，每个人应该都很难做出选择，因此进一步来看，这个好处就是能够带给我们的最大效益。这个最大效益，最好能够用定量的数字来衡量。

很多人通常对"最大效益"没有数字概念，因此我用财务管理上一个非常重要的指标"总资产报酬率"，帮助大家简单地理解什么是"最大效益"。相信学完之后，你也可以在生活、工作，甚至是其他方方面面选择项目的时候用到这个定义。

总资产报酬率的定义其实很简单，就是我们投入资源之后，能获得的报酬。

举例来说，如果你有A、B两个项目可以选择：

- 在A项目上投入100元可以赚10元，总资产报酬率是10%。
- 在B项目上投入100元可以赚20元，总资产报酬率是20%。

任何人都希望自己投入同样的资源或金钱,能够获得最大的回报,所以选择B项目是符合"最大效益"原则的。

如果有两个不同的项目,我需要投入时间获取报酬,打个比方,我做家教,然后A学生报价1小时100元,B学生报价1小时200元,那么对我而言,同样投入1小时的时间,B学生给我提供的报酬更多,换句话说,我获得了更大的效益。

这里提到的,无论是公司的金钱资源,还是个人的时间资源,都有一个共同的重要特性,那就是"稀缺",也就是说,资源是"有限"的。

因此,怎么样利用有限的"稀缺资源",持续不断积累更多资源,让公司或个人有备无患,通常是考虑项目主题选择的时候,必须用"总资产报酬率"这个"最大效益"的相关指标作为评估标准的主要原因。换句话说,我们要用稀缺的资源创造最大效益,选择总资产报酬率最高的项目。

> 要用稀缺资源创造最大效益,
> 选择总资产报酬率最高的项目。

为什么要这么选？

看完前面主题选择必须关注"最大效益"之后，很多人心中可能反而有了进一步的疑问，就是在很多时候，我们选择的项目好像不是能收获最大效益的。

譬如说，我第一次换工作，薪水还下降了，很多人看到我这样转换"跑道"，都觉得这种选择非常不符合"最大效益"的原则。

但是就我个人而言，我清楚地知道，这份新工作无论是工作的深度还是工作的广度，都能大幅提升我的能力。另外，就算薪水没有增加，我的工作职位却提高了好几个层级，让我有机会拓宽自己的视野、提升自己的格局。

因此，尽管有形的经济利益并没有符合"最大效益"的原则，但是无形的能力提升的机会确实是对自己最好的投资，这当然也会反映在未来的经济收益上。

换句话说，有时候的"最大效益"可以是"牺牲短期的小利，获取长期的大利"。

> 牺牲短期的小利，
> 获取长期的大利。

我常去一些正在创业的朋友的公司参观，很多创业公司的办公环境真是乱七八糟。刚开始我还会苦口婆心地告诉他们，把公司的文件资料整理好，最好也把企业管理系统建设好，例如ERP（Enterprise Resource Planning，企业资源计划），这样未来公司规模做大之后，才能够省心省力，赚更多的钱，获取最大效益。

后来有一次，一位好友实在不想听我唠叨，直接对我说，他也知道建立有制度的系统对公司长期发展是有最大效益的，但对他创办的微型企业来说，短时间之内还不需要这么大的系统，其实只要简单的软件，甚至是微软Office办公软件就可以满足需求了。他的公司看起来乱归乱，但最重要的是人力成本低、费用少，所有精力先投入到业务处理、招揽订单、包装出货和售后服务上，先把收入做大，把利润、现金累积起来，才是迫在眉睫的最重要的事情，这样才有资源在未来建设企业管理系统。

最后，他还跟我做了一个简单的总结，他说："我情愿乱七八糟赚得到钱，也不要井井有条赚不到钱。"

听完好友的描述，我醍醐灌顶。是啊，企业经营本来就该是这样的。

这就像人的成长历程，本来也是从趴到爬，从爬到走，从走到跑，一步一步不断往前迈进。

我们不能要求一个坐在婴儿车里刚学会吃饭的婴儿能把饭吃得干干净净，不把食物撒得满地都是，还要姿态优雅、正襟危坐地切着牛排、喝着饮料。只要看到婴儿一边乱七八糟地丢食物，一边知道把食物塞进嘴里咀嚼，我们就知道他很正常，有饥饿感，有能力活下去，我们就应该感到心满意足。选择也有轻重缓急，效益也要考虑时机。

> 选择也有轻重缓急，
> 效益也要考虑时机。

选择是否可以改？

除了最大效益以及事态的轻重缓急，大家最常问的另一个问题就是："如果主题选择错了，我应该怎么办呢？"

这个答案实在太简单了，一个字：改！

项目管理本来就是玩一场从"不确定"到"确定"的游戏。既然一路都存在不确定性，在项目推进的过程中，一旦感觉到自己好像更想要什么，当然可以随时修正了。

就像前面的两兄弟，没有人规定那个一开始选择在传统媒体工作的哥哥在工作两三年之后不可以跳槽，而一定要一直在第一家公司工作。

说不定，他们兄弟两人常常会交换工作心得，可能工作几年之后，哥哥受弟弟影响而决定跳槽到类似的网络媒体或网络公司。就算不是到腾讯，而是到另一家网络新闻模式的公司，例如"今日头条"，也许就会让他们两兄弟的生活状态和工作模式，甚至是资产累积速度变得旗鼓相当了。

当然，也有其他可能性，比如哥哥在传统媒体工作，生活节奏缓慢，虽然收入不是非常丰厚，但是家庭生活和谐、身体健康。弟弟因为难以承受互联网行业高强度的工作压力，家庭和身体健康都出现了问题，结果不是哥哥转换到互联网公司，而是弟弟决定跳槽到传统媒体。要知道，选择永远没有最好，随时调整修正就好。

> 选择永远没有最好，
> 随时调整修正就好。

我常常和别人分享并告诫自己，不要在没有理性分析的情况之下，就决定要做什么项目。

首先，无论是"金钱"还是"时间"，都是有限的"稀缺资源"，我们一定要谨慎选择，让资源能够尽量发挥"最大效益"。

其次，不要好高骛远，选择不适合自己的主题。

这就像我刚能够慢跑5千米，就决定参加下个月的42千米全程马拉松，只因为我觉得报名费差不多，参加长距离的项目效益更大。那么结果是显而易见的，我肯定会在比赛中体力不支，不只花了报名费，最后可能还要花医药费。

倒不如先参加10千米的短程马拉松，然后循序渐进，这才是符合"轻重缓急"的。

最后，完全不要担心自己在选定项目主题之后，项目就不能再改了。永远不要忘记项目管理就是玩一场从"不确定"到"确定"的游戏，只要情况变了、假设变了，甚至是心态变了，我们都可以向着自己认为最好的方向"随时调整"。

选择项目主题常见的三大问题，见表9-1。

表 9-1　选择项目主题常见的三大问题

问题	郝哥的答案
怎么选择才最好？	选择要以最大效益为标准
为什么要这么选？	选择必须有轻重缓急
选择是否可以改？	选择能随时随地调整

课后练习

（1）试着回忆自己曾经做过的项目，你有没有用"最大效益"的概念或数字为依据选择主题？

（2）在人生或是工作中，你有没有项目进行到一半之后，觉得需要转换甚至放弃的？事后看待这样的调整，你会给予这个项目什么样的评价？

第10章
项目目标
该怎么设定项目目标？

- 目标是一个暂时的"确定"
- 梦想再大也要从小开始

> 目标，为了指引，也为了修正。

当项目主题选定完毕之后，接下来最重要的工作就是设定项目目标。在这个阶段，我们主要关注以下三个问题：

（1）项目目标设定内容要注意什么？
（2）项目目标设定是否合理？
（3）项目目标如何设定才有利于执行？

项目目标设定内容要注意什么？

项目目标内容，要有"执行行动"意义；

"数字"与"时间"双管齐下。

譬如说，某人想在半年之内减重6千克，想在一年之内读完12本书，想在一个月之内跑完200千米，想一年攒下20万元；公司希望今年的销售额比去年增加50%，想生产制造的良率在一个月之内从60%提升到80%，想明年的会员数比今年增加一倍以上……

以上列举的个人与公司的目标设定，有两个非常重要的关键，那就是需要具备"数字"，一定要有"时间"。时间与数字的意义，见图10-1。

时间	目标	数字
半年之内	减重	6千克
一个月之内	跑步	200千米
一年之内	提升销售额	50%

图10-1 时间与数字的意义

唯有这两个重要条件同时成立，目标才具有"可操作性"与"可执行性"。打个比方，如果你只是说要减肥，谁知道你要减多少千克，又从什么时候开始减，什么时候达成减肥的目标。

又比如说，常常有很多人告诉我，他想赚大钱，这是他最重要的人生目标。问题是：他想赚的"大钱"是多少钱？然后，他又希望在"什么时候"达成这个赚大钱的目标？

这是设定目标的一个非常重要的基本前提："数字"和"时间"缺一不可。

举例来说，你只告诉我，你想赚大钱是指赚到2 000万元，可是缺少达成的时间。如果我让你选：这个2 000万元，你选择80岁才能赚到，还是30岁就能赚到？相信问题一出来，你一定会选择30岁，也就是说，"时间"因素和"数字"因素同样重要。

项目目标设定是否合理？

与其仰赖天纵英明的合理项目目标；
不如团队边做边看边修正项目目标。

除此之外，每当设定项目目标的时候，公司内部最常听到的意见就是：

"老板制定的这个目标是什么意思啊？"
"老板为什么要制定这样的目标啊？"
"老板知不知道要怎么'合理'制定目标啊？"
…………

在回答这些问题之前，我们可以先想想自己设定目标的时候是什么情况。

例如，当我们说要在半年之内减肥6千克，或是一年之内读完12本书，我们等于是对自己这个"老板"，许下了目标设定的承诺。

问题是：你真的清楚自己这个"老板"设定的目标是否"合理"吗？我相信其实很多人也不清楚，但是就算不清楚这个目标是否合理，好歹心目中要有个"数字"和"时间"，才能够"边做边看边修正"。

况且，除了自己当老板之外，我们也了解自己，也是自己的员工，所以在设定目标的时候，我们在某种程度上也大概知道自己的时间安排，以及可以采用什么方法以最大的概率去达成目标。

也就是说，我们对自己的底细也算清楚，是自己的"末梢神经"，也才有机会制定一个完成概率比较大的目标。

如果回到公司老板的角色，他制订目标的时候，真正能够帮他确定目标的并不只是他自己而已，还包括身为"末梢神经"的全体员工，也就是我们这群"幕僚"。

通过员工和团队，针对外界所有底细，持续不断地收集资料，持续不断地摸底，然后帮助老板分析，协助老板得到正确的反馈，才能真正得到团队心中具有共识的目标。

因为公司和个人一样，目标需要"边做边看边修正"。换句话说，老板的目标需要员工的反馈，所有的目标都是暂时的"确定"。

> 老板的目标需要员工的反馈，
> 所有的目标都是暂时的"确定"。

项目目标如何设定才有利于执行？

合抱之木，生于毫末；

九层之台，起于累土；

千里之行，始于足下；

一切目标，从小开始。

我们已经知道设定目标的时候需要具备"数字"和"时间"两个关键，以及目标本身就是一个暂时的"确定"，可以"边做边看边修正"，接着我们关注执行目标的心法，只要记住超级重要的四个字："少就是多"。这就是说将大目标拆分成小目标：

- 一切从"少少"的小目标开始，
- 最后完成"多多"的大目标。

简单来说，就算爬高山，我们也必须从山脚下一步一个脚印往上攀登。就算想完成万里之行，我们也必须从起点一步一个脚印往前迈进。正所谓"行远必自迩，登高必自卑"。

这也是为什么我常常告诉别人，也告诫自己："梦想可以很伟大，但目标必须从小做起。"

每一个小目标，持续积累，不断往前，就会像滚雪球一般，逐渐变成很大很大的目标，然后离我们的梦想越来越近。

我也常常说，就算你没有远大目标和远大梦想，但只要你一点一滴地做事情，说不定有一天抬起头来，就会发觉自己已经走得很远了。

如果我告诉你,你一年跑步的里程数必须达到365千米,乍听之下,你也许觉得很可怕,心想"这怎么可能做得到"。但如果我告诉你,只要每天花10分钟时间慢跑1千米,你可能立马觉得"这也太容易了"。当这样执行一年之后,你就"一年跑365千米"了。

因此,"少就是多"。在项目目标执行上,这是一个极为重要的核心做法。这种方法体现在实际操作上,把你想要在一段长时间内达成的大目标,拆分成一小段一小段短时间的小目标。将大目标拆分成小目标的四大优势,见图10-2。

图 10-2　将大目标拆分成小目标的四大优势

"少就是多"之所以能够发挥这么大的关键力量,让我们从过程的"不确定",一步一个脚印达成我们想要的"确定"目标,是因为以下四点:

1. 降低心理防御机制启动概率

就像前面提到的案例,一年跑365千米,我们初听到这么大的数字,心里很容易不自觉地产生恐惧感或排斥感,但是如果我告诉你,只要每天花10分钟慢跑1千米,你可能就不会产生任何负面情绪了。

同样,就像我购买了一个音频App的会员,那个App里有海量的知识音频,购买会员以后可以不限时间随便听,一年的会员费是365元。虽然价钱算实惠,但最重要的还是App主打的文案:"每天只要一元,就可以让你无限畅听"。

多"可怕"的宣传文案啊,这个"每天只要一元",完全突破我的心理防御机制,一不小心就"剁手"购买会员了。

我在撰写新书的过程中,有计划地把每一章大概分为四个小节,每一个小节约500字,我每天写一个小节,大概只要花费15分钟,四天就可以写完一章了。

目标微小,我们就不易启动心理防御机制;目标微小,我们就容易坚持得更为长久。因此，别人可能认为写书压力很大，对我而言却只是每天花费15分钟而已，而不会产生写完一整本书的巨大压力。就这样每天500多字，我用了不到三个月的时间就完成了写书的任务。

> 目标微小，我们就不易启动心理防御机制；
> 目标微小，我们就容易坚持得更为长久。

2. 可以放到最优先的位置

在将大目标拆分成小目标之后，我们就可以把小目标放在很多待办事项的最前面。对于达成重要目标而言，这种"可以放到最优先的位置"就变得格外有意义。

举个例子来说，每个人都晓得要养成运动习惯，因为身体健康对每个人都是非常重要的，但是每天要做的事情这么多，再加上如果一早没有做完运动的话，下班后拖着疲惫的身躯，要想继续做运动就更不容易了。

要命的是，不知道从什么时候开始，很多人开始主张一次运动的时间至少得达到30分钟。"30分钟"浮现在脑海里面，我们就会把运动跟各种活动进行"比较"和"排序"，例如：

"先吃完晚饭,再来运动好了……"

"先看会儿电视剧,再来运动好了……"

"先'刷'会儿短视频,再来运动好了……"

"先回复信息,再来运动好了……"

"先玩会儿游戏,再来运动好了……"

"先辅导小孩,再来运动好了……"

然后……再接着……然后……再然后……我们往往最终决定:

"先洗澡睡觉,明天再运动好了……"

这样的场景,是不是让你感到非常熟悉?

如果我们把每天运动时间的"目标"设定成"5分钟",结果会怎么样呢?

这个时候,所有"比较"和"排序",很有可能因为"5分钟"实在非常短而让我们改变最后的结论:

"先做个运动,再来＿＿＿＿好了。"

瞧，因为时间很短，短到没什么感觉，短到不会启动你的心理防御机制，短到你觉得做这件事情是轻松愉快的，短到你想把它放在第一顺位做完，可以立刻产生完成的成就感，然后你就做完了。

这个时候也许有人会问："郝哥，每天运动5分钟会不会太少啊？只运动5分钟会不会没有效果啊？"每次遇到这种问题，我最常给出的答复就是：

"只要有运动，再少都有效果。"
"想要多运动，结果没运动就没效果。"

就算我们每天只运动5分钟，一年下来也有1 825分钟啊！贪多嚼不烂，"持久"比"多"重要。

3. 增加修正频率

将大目标拆分成小目标还有一个非常重要的优势，就是让我们增加"修正频率"。

毕竟未来是不确定的，如果修正的频率高，我们就可以实时调整，降低偏离目标的风险。

况且修正的频率高，需要改善的幅度不会太大，长此以往，我们也比较容易建立"改善习惯"。一旦养成好习惯，我们就会有一股强大的力量。

例如，很多公司会在年初的时候针对当年的计划制定预算总目标，既然是计划，这个总目标的每一个阶段也一定会有阶段性的小目标。

随着时间推移与实际执行，这些小目标和实际数字之间的差异以及更新的信息，可以帮我们及时修正计划。

进入创投行业后，我看过很多公司的经营情况，有些公司在年初设定预算之后，能够每个月根据实际的销售额，比较实际情况与预算计划的差异，然后做出修正，这已经算很不错了。

还有很多公司，在实际情况发生后，根本没有和原来的计划做比较，甚至是为了召开董事会才一个季度修正一次，在这种情况下，实际情况常常偏离预算计划很远，甚至惨不忍睹。

修正的目的是改善，是为了更好。因此，通过把目标拆分得很小，增加修正频率，不仅可以让分析计划与实际情况差异的工作做起来比较简单，而且就算需要调整、修改目标，幅度也不会太大，如此一来，就更容易建立"改善目标"的习惯。

试想，一年365天……我们如果……

每季度设定一个小目标，一年就有4次修正机会；

每月设定一个小目标，一年就有12次修正机会；

每周设定一个小目标，一年就有52次修正机会；

每天设定一个小目标，一年就有365次修正机会。

大家想想看：到底是一年4次大幅修正目标造成的差异比较大，还是一年365次小幅修正目标造成的差异比较大？到底是一年4次大幅修正目标比较容易建立"改善目标"的习惯，还是一年365次小幅修正目标比较容易建立"改善目标"的习惯？只要这样想，目标拆分得越小，修正的频率越高；修正的频率越高，改善习惯越容易养成。

> 目标拆分得越小，修正的频率越高；
> 修正的频率越高，改善习惯越容易养成。

4. 降低损失风险

最后一个拆分目标的优势，其实是前面所有优势延伸的结果，也就是降低损失风险。

拿前面的案例来说明，如果一个季度才修正一次目标，万一这段时间执行的策略方向出现非常大的错误，就代表我们已经错失了三个月的调整时间，可能造成极大的损失。

但是如果每周修正一次，我们三个月总共修正了12次，那么自然而然相对于一个季度修正一次来说，就有较多机会可以弹性调整项目推进过程中可能发生的错误。

以我在半导体行业的工作为例，公司要求每周做一次滚动预算，每周预测未来一年半的市场动态，及其对公司经营的影响，还有所有财务数字可能的结果。

在这种情况之下，我们几乎是周周做预测、周周做决策、周周做调整、周周做修正，一旦发生重大事件，无论是好还是坏，是要增加人力还是冻结招聘，是扩大产能还是缩减投资，公司都能够非常迅速地动态处理。

这样不仅能够弹性地把握商机，最重要的是还能够降低由于反应不及时造成损失的风险。

总之，针对目标设定三大问题，我的回答是：

- 在"内容定义"上，能够清楚地确定"数字"和"时间"。
- 在"合理与否"上，不要纠结，"边做边看边修正"。
- 在"执行过程"上，拆分目标，铭记"少就是多"。

如此一来,团队更容易建立共识,从而推动项目顺利进行。

项目目标需要关注的三大问题,见表10-1。

表10-1 项目目标需要关注的三大问题

问题	郝哥的答案
目标设定内容要注意什么?	能够清楚地确定"数字"和"时间"
目标设定是否合理?	不要纠结,"边做边看边修正"
目标如何设定才有利于执行?	拆分目标,铭记"少就是多"

项目管理入门

课后练习

（1）在读完本章之后，你觉得如果有人叫你设定每天走路的目标，到底是大家常说的每天走一万步比较好，还是少一点，比如三千步就好？

（2）以参加考试或是马拉松比赛为例，你应如何明确把"数字"和"时间"放在目标里？（例如：下个月数学期中考试的成绩比之前要提高10分；三个月后半程马拉松的比赛，成绩要小于2小时。）

（3）你能否以自己的生活或工作为例，设定一个长期目标，然后试着将其拆分成小目标，看看最小的目标能够对应多短的时间段？例如，以每月为一个小目标的时间段，或者以每周、每天为一个小目标的时间段。

第11章

项目任务
该怎么安排项目任务?

· 任务就是要做得又好又对
· 任务就是别做无用功或存在遗漏

> 任务,永远要同步对准目标。

当目标设定完毕之后,我们接着要做的就是每天往目标迈进的"任务执行"了,也就是瀑布式项目管理中常说的WBS(Work Breakdown Structure,工作分解结构)。

在任务执行这个环节,根据过去的经验,我最常被问到的问题大概有四类:

(1)任务有没有同步更新?
(2)任务有没有对准目标?
(3)任务有没有有效产出?

（4）任务有没有明确分工？

任务有没有同步更新？

从进入职场的第一份工作开始，我就养成了一个非常重要的习惯，每天一定会找个时间，无论是10分钟还是15分钟，再短都没有关系，一定要跟自己的直属老板和重要工作伙伴分享交流以及"同步"彼此的最新情况。这个习惯，事实上也是我的第一位老板一点一滴带着我逐渐养成的。

做第一份工作的时候，我初入职场，看什么事情都很新鲜，但也是做什么事情都战战兢兢。那时候，我的直属老板除了每天早上固定时间开晨会，带着我们五六个人简短地轮流报告和指派工作之外，其他时间无论是揪着我们去吸烟室、茶水间还是在餐厅用餐，总会分享他得到的新信息，甚至更新、修改原来指派给我们的任务。

当时，我们每个人都是身兼不同项目的项目经理，所以他特别提点我们，一定不能偷懒，要常常走动，不仅要和自己的老板多沟通，更要和每个项目的关键人物、负责决策的主管多沟通，了解有没有新的信息，才能够随时掌握项目的进度，以及是不是应该修正目标或是任务。

就这样,信息"同步"这个概念,慢慢地变成了我生活和工作上一个非常重要的习惯。不论后来换了多少个老板,办公室、吸烟室、茶水间、活动室或咖啡厅等,都是我每天花时间"同步"信息的场所。

后来,我的工作经历越来越丰富,也在职场上结识了很多好友和同人,他们常常抱怨老板的指令改来改去,又或是老板明明知道有些信息已经过时了,却没有及时告诉他们,让他们做了很多无用功。

每当听到这种抱怨或是不满的时候,我就会告诉他们:

"从来都是员工向老板报告的。"

"你认为有老板向员工报告的道理吗?"

"不管有空没空,你每天都应该花点时间和老板聊天。"

"一则和老板汇报工作进展,二则了解老板有没有新的情况。"

"如此一来,双方不就'同步'了吗?"

简单来说,无论是老板还是项目上、工作中的合作伙伴,如果我们想了解是否有新的信息,千万不要被动等待。凡事"主动"，凡事"积极"，每天花费一点点时间和老板以及合作伙伴聊聊天，交换心得、交换进度，就可以达成"同步信息"这个最关键的任务，也让我们可以适时地修正任务的方向。总的来说，"同步"，是每天必做的任务；"主动"，是"同步"的核心思维。

> "同步"，是每天必做的任务；
> "主动"，是"同步"的核心思维。

任务有没有对准目标？

面对所有的工作或任务，我们投入心力都是为了"达成目标"，要不然那就不叫"任务"，而是个人的兴趣娱乐或休闲了。

例如，你设立了一年跑365千米的目标，那么你可以设定每天的小目标是跑1千米。如果你跑1千米需要10分钟，那么你每天的任务就是要跑步10分钟。

如果我把在三个月之内写一本书当成目标，经过计算之后，我要制定三个月中每一天的小目标，如果每天要写500字左右，而我写500字差不多要花30分钟，那么我每天的任务就是写作30分钟。

看完前面这两个例子,你可以清楚地知道任务的安排必须明确地对准目标。

任务与目标对准,见图11-1。

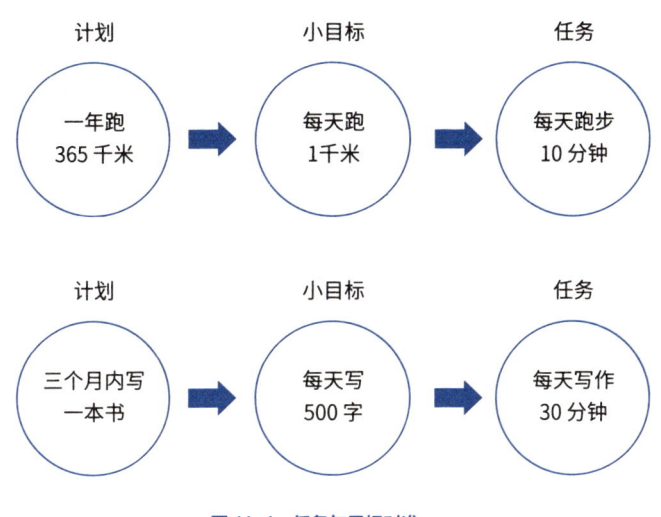

```
计划              小目标            任务
一年跑            每天跑            每天跑步
365千米           1千米             10分钟

计划              小目标            任务
三个月内写        每天写            每天写作
一本书            500字             30分钟
```

图11-1 任务与目标对准

假设在第一个例子中,你每天设定的任务不是慢跑10分钟,而是去健身房训练或用运动App训练;在第二个例子中,你也没有每天写作30分钟,而是改为寻找更好的写作软件,那么显而见,你的任务并没有对准目标。

这并不是说你不可以去健身房训练、用运动App训练或是寻找写作软件，只是这两项工作没有对准你原来计划的"小目标"，没有办法帮你达成目标。换句话说，针对这两个项目，你必须先把"对准目标"的任务做到了，再去做其他事，这才符合"对准"的要求。

在职场上，很多员工常常有"没有功劳也有苦劳，没有苦劳也很疲劳"的感觉，其中最重要的原因往往就是自己进行的任务没有对准老板或公司想达成的目标。

事实上，无论是老板、公司还是自己，我们从来都期望能够取得对准目标的功劳，而非远离目标的苦劳。

一旦没有对准目标，疲劳的不只是你，还包括跟着你一起投入心血，却获得不如预期结果的团队。

我在淡马锡集团工作的时候，负责几个金融产品开发项目，就同时发生了两位员工"非常努力"执行工作，但任务没有对准目标的情况。

其中一位是采购人员，他花了两三天的时间，拼命地准备信息系统供应厂商的价格成本分析和资格认证资料，但他完全没有注意到我们的会议记录，会议讨论的结果是已经改为共享集团内的信息系统，而不需要对外采购了。

另外一位是销售人员,他花了好多天时间,拼命地针对他负责的企业客户推销我们计划推出的理财产品。但是他在开展推销工作时,却没有注意到我们在产品发布会上已经取消了其中三个存在瑕疵的理财产品。

这两个案例源自两位辛苦的工作人员,他们非常努力地埋头苦干,却忽略了要"同步"已经更新的情况。

更关键的是,他们拼命干活完成的任务,不仅没有对准目标,付出的心血没有办法带来任何成果,甚至还有可能因为没有对准目标而给外界错误的承诺,给企业带来不必要的风险。

你要记住,不要傻傻地、闷声不响地"埋头"苦干,而要随时对准目标"抬头"苦干。从信息"同步"到目标"对准",对任何项目而言都是在"任务执行"环节非常重要的事情。

> 不要傻傻地、闷声不响地"埋头"苦干,
> 而要随时对准目标"抬头"苦干。

任务有没有有效产出?

网络营销广告往往会进行所谓的AB测试,例如有A、B两种

不同的营销文案，或是A、B两种产品形象的图片，当你不知道采用哪一种比较好的时候，就可以把它们同时放到网络上面，看看哪一种更受客户欢迎，哪一种可以得到消费者青睐进而让消费者下单。

假设A方案胜出，这就代表A方案是"受到客户欢迎、可以得到消费者青睐进而让消费者下单"的文案或图片。A方案就是很重要的"有效产出"，也是最终被采用，大量进行广告投放的有效方案。

因为我们的目标就是让消费者下单，总不会有人非要推出不受客户喜欢、很少有消费者愿意下单，甚至无法带给公司有效产出的B方案吧？

对待客户如此，在进行内部项目或日常工作的时候，我们要做的也是一样的。我在大陆工作的时候，从筹划公司到营运，一开始有大大小小30多个项目在同时进行，免不了存在不同形式的项目进度报告。

有人用电子邮件发送报告给我；

有人用信息把报告发送到我的手机上；

有人在企业信息系统上提交报告；

还有人打印厚厚一大沓的纸质版报告……

过了一段时间之后，我实在忍不住了，直接请那位打印纸质版报告给我的工作人员过来，并询问他到底是谁让他打印这份报告的。

他说，他只是被交办要打印报告，但是从来没有人给过他任何建议。

既然如此，我请他先停止打印纸质版报告（因为已经有了各种样式的电子版报告），并且观察有没有人向他抱怨。

过了一周、两周、三周之后，我持续不断地向他询问。他告诉我，似乎根本没有人发现他已经不提供这份纸质版报告了。

我正式告诉他，他以后不需要再打印纸质版报告了。他也开开心心地接受了这项任务被"解除"的要求。

有时候，我们不仅要"增加任务"，也要适时地"解除任务"，尤其是当任务不能有效产出成果或是没人需要产出这样的成果的时候。

项目经理也要懂得壮士断腕、解除任务，才不会浪费资源做无用功，让人只有疲劳，没有功劳。

任务有没有明确分工？

我们必须解除没有用的任务，但一定要及时完成有用的任务，不可以让任务遗漏或"掉队"。因此，所有的任务都必须有人负责，不可以有灰色地带。

这个部分就是大家常说的"分工"，最怕出现下面的情况：

你以为别人要做，

别人以为你要做。

很多人也许会认为，团队合作最重要的目的是大家建立良好的默契，遇到没有人做的事情，可以互相补位。

问题是，如果没有人知道有这项工作，又或是没有人知道谁该去补位，那就不是默契的问题，而是整个任务安排出了问题。

因此，"分工"很重要，"补位"也很重要。但是，确认"有分工""有补位"，这件事情更重要。

这就回到为什么我以前的老板每天要给我们这些项目经理开晨会，这段时间除了更新信息外，也可以随时弹性调整任务和工作。

敏捷式项目管理也要求每天开15分钟的站立会议，其中除了了解成员彼此的工作进展之外，最重要的就是实时分派和调整任务，避免出现遗漏、"掉队"的情况。

说穿了，这就是一个字："盯"。分工必须靠盯，补位也要靠盯。

> **分工必须靠盯，**
> **补位也要靠盯。**

不要以为充分授权，就不需要"盯"。其实，"盯"的目的是：

- 可以同步信息；
- 可以对准目标；
- 避免无效产出；
- 能够有效分工；
- 能够及时补位。

说到底，人与人的沟通不要只靠正式的会议。
不要小看吸烟室、茶水间、咖啡厅、活动室甚至是游戏间，只要能够交流,能够同步信息,这些行为就是"盯"。盯着项目、盯着目标、盯着任务,让所有的付出都能够变成最后的功劳。

执行任务时最常见的四大问题,见表11-1。

表11-1 执行任务时最常见的四大问题

问题	郝哥的答案
任务有没有同步更新?	适时地修正
任务有没有对准目标?	不要做偏了
任务有没有有效产出?	避免做无用功
任务有没有明确分工?	小心有遗漏

> 课后练习

（1）试着以个人今年的目标来看，你安排的任务是不是对准目标，并且实时更新，最终能够有效产出？

（2）对于你的直属老板，或是平日的合作伙伴、高层主管，你是怎么做到彼此"同步"工作情况或"同步"项目信息的？

第12章
项目工具
怎么选择项目工具?

· 工欲善其事,必先利其器

> 不要把工具变成"枷锁"。

我刚开始担任项目经理的时候,手边最简单记录项目的工具是微软的Excel(电子表格),我使用Excel的方式也非常简单,只是把Excel当成画"甘特图"的工具。

甘特图其实就是"时间推移图",毕竟每个项目里都有很多任务和活动,每个任务都会经历一个时间段,而每个任务的时间段通过Excel必须呈现两个重点:

- 原来计划的开始时间和结束时间;
- 实际执行的开始时间和结束时间。

然后，我将所有任务的情况放在一起，就变成了"时间推移图"。

这样不仅可以非常清楚地让所有项目组成员知道我们推进的项目的每个任务的状态是"提前""准时"还是"落后"，也可以让项目组成员针对每个任务的状态，采取不同的应对方式。这就是我一开始在管理项目中使用的最基本的工具。

当然，大家也知道，Excel并不是专为项目管理设计的软件，Excel只是被"借用"来画"时间推移图"。

但是，So what？（那又怎样？）

Excel很"够用"，很"好用"，也很"常用"啊！

反正那个时候的我只想表达"时间进度"，如果有人不太熟悉Excel，改用Word（文档）、PowerPoint等办公软件也是可以的，只要能够清晰地呈现项目任务的进展状况，想用什么都好。

这就让我想到那句名言："不管白猫黑猫，抓到老鼠就是好猫。"

接下来，随着管理项目数量不断增加，我接触的项目管理软件也越来越多，很多不同的软件因应项目管理而开发，功能很专业、很强大，也更能满足各种不同的需求。不过，这样也有缺点，功能越强大的软件，操作往往也越复杂，需要花时间学习，更是让"选择项目软件"这件事情变得需要格外费心。

这么多年下来,每当有人问我要怎么选择项目工具,我都会告诉他们,问自己三个简单的问题就行,看看项目工具是否适合项目管理的要求。

(1)有没有匹配需求?
(2)会不会很难操作?
(3)要不要花时间学?

其实,总的来说,只要回答这三个问题,你就可以知道这个项目工具有没有符合下列三个条件:

● 够用;
● 好用;
● 常用。

就像Excel一样,只要符合这"三用",大概不差,一定会是个不错的项目软件。

接下来,我想进一步分享这三个问题,以及其所引出的"够用、好用、常用"这三个条件应该怎样思考。

有没有匹配需求？

先不说其他人了，我身为资深项目经理，以前在选择项目工具的时候，最希望这些项目工具能够具备各种功能，才可以"有备无患""未雨绸缪"。

因此，在挑选项目工具的时候，随着自己专业程度不断提升，我对项目工具功能的要求，最后往往变成"不求最好，但求最多"。这些聪明的项目软件开发商，也懂得如何抓住我的心，他们常常告诉我说：

"未来扩充功能，复杂度会变得更高。"
"未来扩充功能，可能要花更多费用。"

因此，到最后，我往往会选择一个功能非常完善，但是大多数功能并不一定会用到的项目软件。

譬如，除了一般进度计划和实际完成情况比较的功能，以及负责人和项目任务之间的相互关联功能之外，更多其他专业项软件功能通常有：

项目整体描述和目标设定、项目组成员组织架构、签核流程、文件管理（有时候还包括文件扫描功能）、文件签核邮件通知、项目开始或是延迟邮件通知、与其他公司内部管理信息系统之间的整合连接……

那时候，我不是"人在江湖，身不由己"，反而更像"当局者迷，旁观者清"，一直执着在项目软件的功能完备度上。直到有人好心提醒我，我才惊觉……要做的项目还没有开始，选择项目软件反而成了项目。

还好我有自省能力，几次下来，我终于觉悟平常项目"实际上""最频繁"会使用到的只有几个功能，例如进度控制、任务输出，以及负责人员等，任何项目工具只要具备这些功能就真的够用了。

其实，项目工具实在不用搞一些"大而无当"的功能。

就跟大家使用智能手机的道理一样，真正常用的功能可能不到手机全部功能的三分之一。

因此，针对项目"需求"这件事情，除非执行的项目本身属于特殊专业，例如石油探勘、建筑设计、IC设计等，这些项目都有特殊的项目软件与之匹配，要不然针对一般企业、组织的需求来看，匹配很重要，功能够用就好。

至于你问我什么叫作"够用"的项目工具？

答案是，"用了才知道"！

尤其是，现在许多项目软件都是免费的；或是基本功能免费，高级功能收费；或是可以让你免费试用一段时间，之后才开始收费订阅。

像这种贴心的使用模式，其实是因为软件开发商知道，真正好的项目软件绝对不是追求繁杂的功能，而是"匹配"和"够用"。

既然软件开发商都已经这么贴心地提供免费试用或免费使用服务了，那我们就不要客气，好好地试试看、用用看。所有的"匹配"和"够用"，都是试了才知道，用了才知道。

> 试了才知道，
> 用了才知道。

会不会很难操作？

当选择项目工具的出发点不再追求"完美"的功能，而是关注"匹配"和"够用"之后，我们第二个要重视的地方就是千万不要让帮助我们的工具变成阻碍我们的麻烦。

换句话说，项目工具一定要非常"容易上手"、非常"好用"，才不会让项目组成员花过多的时间去学习如何使用，增加大家的工作负担，对项目产生不必要的负面影响。

在淡马锡集团工作的时候，我们有一次选择新的项目软件，其中有一款大家觉得不错的软件，但需要成员直接将任务输入系统中，而不是大家原来习惯的可以把在Excel上面建立的任务内容直接上传到系统中的方式。

这种操作方式对于团队来说就是"不好用"，后来我们毅然决然地舍弃了这款软件。

还有一个选择项目软件的案例，我们的选择依据是"项目呈现方式"和"好用"。

一般来说，任务进度是"延迟"还是"准时"，大多数项目软件只用"日期"来显现，但这种方式并不直观。团队必须认真查看计划时间和实际时间的差异，才知道任务是按时完成了还是已经延迟了。

我们选择的一款项目软件,虽然功能不是最复杂、最齐全的,但是针对每一项任务的进度用"绿灯"代表准时、"红灯"代表延迟,非常直观地让大家知道每一个项目任务的进度。

就是因为这么一个小小的"好用"功能,让大家给予这个项目软件非常高的评价。选择项目软件,够用反而简单,简单反而好用。

> 够用反而简单,
> 简单反而好用。

要不要花时间学?

很多人觉得项目工具好用已经是非常贴心的选择了。但是,"没有最好,只有更好",除了好用之外,更重要的是我们能否进一步选择一个大家"常用"的工具。

思考这个问题的关键在于,如果这个项目工具原本已经是大家"常用"的,那么肯定原来就"好用",也"够用"。如此一来,根本不需要大家讨论,也没有学习的必要,这个工具当然不会成为项目推进过程中的障碍与阻力。

但是,"真的有这样的项目工具吗?"很多人心中一定会这样问。

记得在几年前,我接手承办了公司一场大型运动赛事的项目,身为项目经理,为了大家沟通方便,能够随时掌握项目进度,又可以整理所有项目推进过程中需要的文件、相片档案等,我有必要选择一个"够用又好用"的项目工具。

不过那时候我看了一下,所有参与项目的成员,除了核心团队的四个人之外,还包括公司内部的支持人员、外部承办厂商以及参与运动赛事过程中加油助兴的表演团队。项目组成员来自四面八方、各行各业,年龄层涵盖"祖孙三代"。这种情况要怎么挑选"够用又好用"的项目工具呢?我看着现有的项目软件,怎样都挑不出来。

最关键的是我没有充足的时间把大家集合起来,让大家"学习"和"习惯"新的项目工具。

最后,我突然想到自己刚开始做项目时使用的Excel了!

"Excel并不是专业的项目工具啊,但我还是用得很开心。"

谁说一定要在专业的项目工具里找"项目工具"呢？

就这么一个简单的思维转换，我开始思考有哪些日常软件或App符合我掌握进度、日常沟通、文件记录、相片归档等需求，又让下至年轻人，上至阿公阿嬷，都可以立刻上手、不用培训、不用学习。

你觉得最有可能脱颖而出的软件是什么？

没错，你可能猜对了！

最后，通信软件"Line"成了我的项目工具。

因为Line不仅"够用""好用"，最重要的是，本来大家就"常用"它。

事实也证明，使用Line进行项目管理之后，我们不仅在使用上完全没有培训和学习的障碍，而且无论是投票功能、记事本功能、相簿功能还是档案储存功能等，都非常"够用又好用"。

令我莞尔的是，办完这个运动赛事，偶尔闲聊间我问大家喜不喜欢这个项目使用的项目工具的时候，很多人的反应都是："啊？我们有用项目工具吗？"

听到这种回答，我心中想："BINGO（好极了）！这就对了！"

总之，选择"够用""好用""常用"的项目工具，可以避免三个不必要的负面影响：

- 额外成本；
- 学习障碍；
- 抗拒心理。

最重要的是，这样能让工具真的成为工具，而不是成为项目推动的阻碍。

了解项目工具必问的三大问题，见表12-1。

表 12-1 了解项目工具必问的三大问题

问题	郝哥的答案
有没有匹配需求？	够用就好
会不会很难操作？	好用就好
要不要花时间学？	常用就好

课后练习

（1）列举你熟悉或使用过的项目软件，说明你最喜欢哪一款项目软件以及原因。

（2）试着思考"够用""好用""常用"三个要素，对照你最近进行的项目，想想如果要选择的话，你会选择什么样的项目工具。

第13章 项目时间
怎么设定有效的项目期限?

· 不要可有可无,而要放手一搏

> 期限,要成为必须完成的承诺。

每当和别人聊天谈到"项目期限"的时候,无论是个人项目还是公司项目,我通常会问两个问题,那就是:

"为什么项目目标的完成时间会设定在这个期限?"
"如果期限到了,做不到会怎么样?"

不要小看这两个问题,如果清楚回答了这两个问题,项目成败也就差不多可以断定了。我把两个自己曾经碰到的例子分享给大家:

一位相识多年的好友告诉我他要减肥,想在三个月之内减

10千克，接着我问了他两个问题：

"为什么要在三个月之内减10千克？"
"如果三个月时间到了，你的体重没减10千克会怎么样？"

他回答说：

"我就是'想'在三个月之内减10千克。"
"如果没达成目标怎么办？那我就继续努力就好啦！"

听到这样的回答，请问你觉得这位朋友达成目标的概率是高还是低？

我之前碰到一位老板，他交办员工执行一个项目，希望能够在三个月之内让在线会员数增加到10万人，我同样问了他两个问题：

"为什么要在三个月之内达成这个目标？"
"如果没有在三个月达成这个目标，又会怎么样？"

结果他告诉我的答案和前面那位朋友的答案类似：

"我就是'想'在三个月之内一鼓作气试试看。"
"如果没有达成这个目标，我们只能再想其他办法。"

听完这样的回复之后，请问你认为这位老板达成目标的概率是高还是低？

姑且不论这位朋友、这位老板的意志力坚定与否，或是他们自己以及项目经理的能力强弱，最重要的是，这些答案体现了两个问题：

- 期限的设定没有特殊"意义"。
- 期限的承诺没有任何"压力"。

所谓没有"意义"，就是我知道我要这样做，但是我不知道我为什么要这样做。

就像我知道要减肥，但是我不知道为什么要在三个月之内减10千克；我知道要增加在线会员数，但是我不知道为什么要在三个月之内增加到10万人。

这就是知其然,但是不知其所以然,也就是不知"为何而战"。如果我不知为何而战,那么我取得这场"战争"胜利的机会肯定非常渺茫。

另外,没有"压力"就更直白了,就是不管做得到、做不到,对你都没有什么太大的影响。

减肥三个月不成功没关系,会员数三个月没达标也没事。请问这种"可有可无"的计划到底凭借什么动力让一个人或一个团队可以为项目全力以赴、赴汤蹈火?

无论是"奖赏的激励"还是"惩罚的恐惧",如果都不在推动项目前行的动力里,那么可想而知,达成目标的可能性也微乎其微。

为什么要让项目期限呈现"意义"?为什么要让项目期限存在明显"压力"?这就是要避免两件事:

- 不知为何而战;
- 就怕可有可无。

因为这两件事会大大降低项目组成员推进项目的动力。

因此，为了避免发生这两件事情，我们可以在实际项目开始的时候，通过三种不同的方式把"意义"和"压力"同时加在项目的期限上，进而增加所有项目组成员达成目标的驱动力。

这三种方式分别是：

（1）"法定"时间；
（2）约定奖惩；
（3）"公告天下"。

"法定"时间

一般的考试、比赛，或是认证、验收等，都有提前公告的期限，这种"期限"就属于"法定"的时间。

"意义"是必须"通过认证"或是"验收合格"；"压力"是时间一旦定了，你只能依照这个时间安排进度，不能随意改变。

我有一位企业家朋友，他的企业专门从事手机零配件代工，一直以来都为几个国际大客户开发和制造新产品。

为了保证产品质量，这些大客户会定期来工厂巡访和检查。如果过关，客户才会下订单。如果没有过关，朋友的企业就要在限期内改善，若在期限内改善不符合要求，订单就很可能会流失。

因此，制定工厂的验收期限的"意义"非常明确，事关能不能取得客户的订单，而"压力"来自必须在验收期限之前，改善工厂的软硬件以符合客户的要求。

此外，在个人方面，像是学生经历的各种升学考试，道理也是一样的。无论是中考、高考还是考研，考试时间一旦定了，继续升学的这个"意义"，还有必须准时参加考试的"压力"就都定下来了。

就算是休闲娱乐也可以有"法定"时间，像我们常常参加各种运动比赛，就是一例。

平常跑步归跑步、骑车归骑车，在开开心心、轻轻松松的情况之下，通常我们取得的进步比较有限。但是一旦报名参加比赛，就算不和别人较劲，比赛当天要完成赛事的"意义"和"压力"也会在自己心中自然而然形成一股动力，驱使自己在平常训练的时候更加努力。

约定奖惩

所谓约定奖惩，大家最熟悉的不外乎是销售人员每月、每季、每年都会有的销售竞赛，以及各公司不同的奖励制度。

在每个不同的期限之内，能达成什么样的销售目标，公司就会给予福利或激励。约定奖惩的期限，本身就是一种相互约定的"压力"。

譬如月目标、季目标、年目标，就是公司和销售人员之间约定的期限。

至于"意义"也非常简单，非常直接地关系到每一个人可以获取的奖金，甚至是组织内晋升的机会。

另一个有趣的案例，就要说到我的一位朋友减肥的故事了。

大概在几年以前，我的一位朋友因为工作压力太大，搞得三餐和作息时间都不正常，短时间之内体重飙升，不仅"三高"严重，甚至因为脊椎承受过大的压力，时不时压迫到神经，还有几次出现了昏厥的情况。

后来我们的一位岁数大的朋友祭出了"撒手锏"，逼得他和我们签下一纸合约，合约规定他必须在一年的时间之内减重20千克，要不然他就得输给我们10万元新台币。

我的这位朋友，一则因为岁数大的朋友都出面了，实在不好意思说不，二则也实在是自己的身体亮起红灯，如果健康真的出了问题，那么事业再好也没用，所以他毅然决然地签下了这份君子协定。

事情就是这样有趣，一旦有了合约订下的期限，加上明确的罚金，"意义"和"压力"就同时具备了。

结果，这位朋友只花了七个月就减重22千克，还先后完成了全程马拉松和铁人三项的比赛。

由此可见，就算是私人合意的契约，只要戴上"意义"和"压力"的帽子，我们离目标的距离就会更近。

"公告天下"

最后一个方式叫作"公告天下"，就是把你要做的事情让所有人都知道。这种做法看似没有强制性的"法定"时间，也没有私人合意的约定，但是仍然可以持续不断地推着我们往前走。

简单来说，当你让"天下人"都知道你要做这件事情的时候，不管原因是什么，"意义"是你当众宣布自己要完成这件事情的承诺，"压力"来自大家都会盯着你，看你是否如预期兑现这个承诺。

拿我自己来说，2015年底，我刚开始骑自行车上阳明山的时候，每周就算只骑车到风柜嘴一次，我都会累得半死，更不要说和一群车友一起骑车的过程中，我每次都是那个让别人等到最后的人。

就算别人不说什么，但还有点自尊心的我总觉得过意不去又尴尬不已。

后来有一天，我突发奇想，一方面想要督促自己练习骑车强化体能，另一方面想要自己突破纪录，便决定告知所有骑友，我要在100天之内，天天连续骑车上阳明山的冷水坑，也就是"百天百登冷水坑"的计划。

我不仅口头告知他们，还在脸书上发布了我的计划，然后每天凌晨四五点骑车上山，在抵达终点冷水坑后拍照打卡，上传脸书，每天"上传作业"。

说实话，要是没人逼你干活，自己逼自己干活，动力总是欠缺那么一点。

不过一旦"公告天下"，与其说是让大家逼着自己，倒不如说是让一群人看着自己、陪伴自己、鼓励自己，这样可以持续不断地强化自己做这件事情的动力。

就这样，经过100天之后，我不仅顺利实现"百天百登冷水坑"的计划，更在最后一天的时候，感动万分地发现有一大群曾陪我骑行以及看着我脸书完成计划的骑友，一起从山下出发，缓缓骑上冷水坑，共同经历并分享我完成最后一段路的难得的喜悦。

说实话，最后完成"百天百登冷水坑"的计划，和众人在山顶合影的时候，我心中浮现出令我印象深刻的两句话：

"知道自己想去哪里，全世界都会为你让路。"
"真心想完成一件事，全世界都会给你帮忙。"

总而言之，无论是个人还是组织，每次设定项目期限的时候，别忘了问自己两个问题：

"为什么项目目标的完成时间设定在这个期限？"
"如果期限到了，做不到会怎么样？"

因为这两个问题可以明确项目的"意义"和"压力"。有"意义"，才会让行动有毅力；有"压力"，才会让推进有动力。

> 有"意义",才会让行动有毅力;
> 有"压力",才会让推进有动力。

了解项目期限的两大问题,见表13-1。

表13-1 了解项目期限的两大问题

问题	郝哥的答案
为什么项目目标定在这个期限?	"意义"要明确
时间到了没完成的后果是什么?	"压力"是动力

课后练习

(1)思考自己下一年想要完成的一个计划或目标,设定期限后问一下自己本章涉及的两个重要问题,看看能否得出明确的"意义"和"压力"。

(2)找一个自己在工作上的项目,看看能否通过文中的两个问题,检视这个项目有无充分的"意义"和"压力",并能够成为推进项目的驱动力。

第14章
项目团队
如何组建强大的项目团队？

- 项目与公司是命运共同体
- 好的项目制度就能找对人

> 团队，就要专注共同目标。

从台积电到力晶，再到淡马锡，一路走来，我参与过、主导过也管理过非常多项目。后来，我加入大亚创业投资股份有限公司，担任合伙人，看过非常多不同行业的公司，新创企业本身就是一种项目，还有很多为了推动内部新产品、新服务，组织变革的各种类型的项目。总体来说，参与项目的成员，也就是"人"，所扮演的角色是对项目绩效影响最大的因素。

归纳起来，只要说到项目组成员，又或者项目团队组建，我最常遇到的不外乎就是两个终极问题：

（1）什么样的"成员"适合加入项目？
（2）什么样的"组合"对项目较有利？

针对第一个问题，其实大家都心知肚明，希望能够找到既有"意愿"又有"能力"的项目组成员。

因为既没有意愿又没有能力的人参加项目，只是来添乱的。但是有能力、没有意愿，这种积极性不高的态度，肯定会给项目推进工作造成负面影响。至于有意愿却能力不足的项目组成员，只能看在项目执行期间，项目经理是否可以培养项目组成员的能力了。

因此，意愿和能力兼备的人，才是最佳的项目组成员。

至于第二个问题，是把"维度"拉高，不是只看个人，而是看整个项目团队能够发挥出多大的战斗力，关键就是两个字：默契。

如果所有项目组成员都能够把项目的事当成自己的事，把项目目标放在个人利益之上，然后在遇到困难的时候，成员能够互相补位、支持，那么显而易见，有了这样的组合，项目在成立之初就已经成功了一半。

与其说在组建项目团队的时候要好好考虑前述两个问题，倒不如说在规划项目制度的时候，优先考虑如何筛选兼备意愿和能力的人，并且通过流程设计，把看不见摸不着的"默契"，一点一滴地建立起来。

在我辅导过项目管理的公司里,就有一家公司让我感到非常"惊艳"。不仅我常常把这家公司的案例拿出来分享,甚至还有许多公司也依样画葫芦,取得了非常好的成效。

接着,我在本章中把这家公司的故事分享给大家。

这家公司在刚开始和我合作的时候,就把"做好项目"当成了一个项目,然后在项目组成员的"意愿、能力和默契"上下足了功夫。

该公司还在内部推动一个"两少、两加、两共同"的项目精神顺口溜。什么是"两少、两加、两共同"呢?这其实代表了做好项目的六个"指导方针",见表14-1。

表14-1 做好项目的六个"指导方针"

	指导方针	郝哥帮你解析
两少	减少同时进行的项目数量	留下一个重大项目
	减少例行工作负担	从执行者变管理者
两加	增加项目遴选"高度"	提升项目组成员的荣誉感
	增加参与组织的奖励	调动部门"助攻"的意愿
两共同	项目组成员共同计划	归属感是成就的动机
	管理决策共同参与	成功本是公司的事

接着，我来分享这个"两少、两加、两共同"之"做好项目"的项目是如何进行的，又是如何达到提升项目组成员的"意愿、能力和默契"的目的的。

"两少"之一——减少同时进行的项目数量

原本在每年年初的时候，这家公司会规划几十个大型项目在当年进行，后来这家公司的高层管理者和我认真讨论之后，决定试试集中资源，在一个时间段，先做好"一个项目"，让大家的目光全都看向唯一一个项目，让这个项目像明星一样备受瞩目，也等于告诉全公司的人，这是一个精挑细选留下来的重要项目，员工能够参加这样的项目就是一种荣誉。

这是一个提高参与者参与项目"意愿"的因素。

我在这里补充说明，实际上，在年初的时候，公司还是让各个部门提报了将近三十个大中型项目，但是在一次总经理亲自率领的决策会议上，他带着所有一级主管一起评分筛选，一路下来先筛掉二分之一，再筛掉二分之一，然后经历痛苦的数轮筛选，以及激辩和讨论之后，最终留下一个大家共同决定优先进行的项目。

"两少"之二——减少例行工作负担

所有参与项目的成员,都不是闲着没事干而被选来加入项目的。

越是优秀的项目组成员,平日工作越是忙碌,怎么让这些员工抽出身来,也就是减少他们原来例行的工作负担,是另外一个提升他们参与项目"意愿"的因素。

这家公司的高层管理者想出了一种试行办法,就是在项目执行期间,这些参与项目的员工必须把他们原来的工作"分配"出去,而被额外分配了工作的员工也成为项目组的一员。

虽然他们不执行项目工作,但是他们负责帮助这些项目组成员完成原来的工作,让真正执行项目的员工可以心无旁骛地参与项目,当然算是"助攻"的角色。

更有趣的是,就算项目组成员把工作分配下去,也不代表他可以完全不管原来的工作,而是从原来的"执行者"变成了"管理者"。他必须教导被分配工作的员工,并审核工作成果的质量。

在项目执行过程中,直至项目结束之后,项目组成员和"助攻"的角色要互相给予对方积极反馈,并向对方提供未来如何更好开展工作的建议,这也会成为一个很重要的年度绩效考核的参考资料。

显而易见，这样的制度设计不仅激励了参与项目的成员，也激励了负责"助攻"的成员。

这一系列做法的主要目的是提升大家参与项目的"意愿"。

我们常常说"能者多劳"，但是如果让能者真的"多劳"到最后，除了功劳之外，可能会更加疲劳，反而产生类似"绩效惩罚"的感觉，那么这种"能者多劳"对公司来说就颇为不妙了。这也是这家公司把"能者多劳"改成"能者分劳"，让大家一起承担工作、一起分享功劳的原因。

这样不仅能够培养更多的"能者"，也可以避免"能者"因为过度疲劳而产生倦怠或绩效下滑的情况，反而得不偿失。

"两加"之一——增加项目遴选"高度"

当项目的数量减少到只剩下一个，而且项目组成员可以把原来的例行工作分配出去后，项目组成员可能会学到新的技能、产生新的绩效。

在这种情况之下，这个独一无二的项目就变得极具吸引力，而且可能会出现"僧多粥少"的局面。因此，这家公司的项目不用指派，就有一堆人跃跃欲试想参与，最后管理层一改以往指派成员的方式，而改用"报名遴选"的方式组建项目团队。

报名参与项目的过程十分有趣，这些项目候选人除了要提供书面资料审核之外，还要用简单的三分钟短视频介绍自己，陈述为什么想参与项目，以及自己具备什么样的能力来支持项目。

当初这家公司只要6名项目核心人员，最后竟然有将近60位员工报名。接着，公司初步筛选出12位候选人，然后把他们的短视频和资料放到公司内部网站上，让大家投票选举，最后得票位居前6名的员工入选项目组。

如此一来，不仅在初选的过程中可以先筛选具有"意愿"和"能力"的项目候选人，还能借着内部投票，观察这些未来的项目组成员平日和部门同事的工作"默契"程度到底如何。很多时候，有能力是一回事，但是人气最高的员工往往是与他人合作最有默契的人。

"两加"之二——增加参与组织的奖励

就算个人有参与项目的意愿，但是每个部门少了原有的精兵强将，就算有"助攻"角色帮忙分担原有工作，还是会让部门主管有工作绩效降低的顾虑。换句话说，部门主管让手下员工参与项目的"意愿"还是不高。

因此，这家公司的老板决定，参与项目的成员的部门主管，也都算项目的"助攻"角色，而且在项目进行中，要定期参与项目会议，不仅要适时地给予项目计划建议，还要在执行过程中给予项目工作相关支持。

这些记录都会成为项目组成员的部门主管绩效考核的重要依据。

后来，这家公司甚至把所在部门的员工有无参与项目，以及支持项目的绩效是否被肯定，当作部门主管未来晋升的一个必要条件。

公司这样做的逻辑很简单，如果要内部晋升，就代表部门主管不仅有更上一层楼的能力，还具备培养接班人的思维。部门主管让属下参与项目，学习面对不确定环境时解决问题的方法，就是培养属下具备接班人的实力。

一旦这种制度建立之后，无论是项目组成员还是项目组成员的部门主管，积极参与项目的"意愿"都大幅提升了。当然，这也间接增加了项目和原有组织功能之间合作的"默契"程度。

"两共同"之一——项目组成员共同计划

在一开始描述项目范畴，以及想要达成的目标时，这家公司没有给出具体的定量化数据，而是等到项目组成员确定之后，让项目组成员提出所有目标、任务和时间的相关细节规划。他们的设计理念是：

- 项目的计划由项目组成员自己设计；
- 设计的计划由项目组成员自己执行。

如此一来，项目组成员参与整个项目计划从开始到执行的全过程，这让所有成员都有归属感，进一步提高他们执行项目的"意愿"。另外，所有计划是成员们协调、沟通并设定出的结果，这不仅仅是项目组成员的共识，一定也是项目组成员和相关职能部门讨论后达成一致的结论。

这样可以大幅提升项目组成员彼此之间，以及项目和公司其他部门之间的"默契"程度，增加项目推动的效率和效能。

"两共同"之二——管理决策共同参与

项目计划由项目组提出后，在最终确认环节，除了总经理和资深高层主管到场之外，所有项目组成员的主管和分担项目组成员工作的"助攻"伙伴也被邀请，一起审核并做出决策。

至于未来执行过程中的定期项目进度报告，这些人员也被邀请一起参与，并可以提供宝贵建议。这样设计主要有三个作用：

（1）确保所有项目计划符合总经理和高层主管的期许（项目想要达成的效益并判断其合理性）。这是管理层对未来给予资源的承诺，不仅体现管理层的"意愿"，同时也提升项目组成员的"意愿"，以及管理层和项目团队之间的"默契"程度。

（2）让项目组成员的主管以及分担他工作的"助攻"伙伴了解，在项目执行过程中，他们要提供什么样的资源和帮助。这样做，一方面确认协助工作的可行性，另一方面也让管理层给予这些虽然不是项目组成员但是扮演着重要"助攻"角色的人员，同样的肯定和认可。与第一项作用类似，这再次强化了这些"助攻者"的"意愿"，也增加了所有人员彼此之间合作的"默契"程度，让项目组成员的"能力"能够充分发挥。

（3）让大家一起"露脸"。虽然这个做法看似简单，但为所有项目组成员"背书",就能在高层主管心目中留下绩效考核最重要的印象。很多时候,在绩效评估的时候,员工最怕老板说的一句话是:"我对这个员工没有印象。"因此,要让所有参与且有贡献的人"被看见""被记住"。这不仅是一种尊重,更是一种让所有人都能够提升意愿、发挥能力、提升默契度的有效又实惠的方式。

项目角色的关系,见图14-1。

这就是"两少、两加、两共同",把"做好项目"的项目做好的心得。这也是我辅导过落地效果好、极为扎实地把"意愿、能力和默契"设计到项目流程中的、非常值得大家学习的案例。

总而言之,项目绝对不只是项目组成员的事,而是:

项目组成员是"主攻",
公司成员是"助攻"。

不管角色是"主攻"还是"助攻",
所有人的意愿、能力和默契度,
都要成为一个整体,
都要成为一个系统,
都要放在一起考虑。

项目管理入门

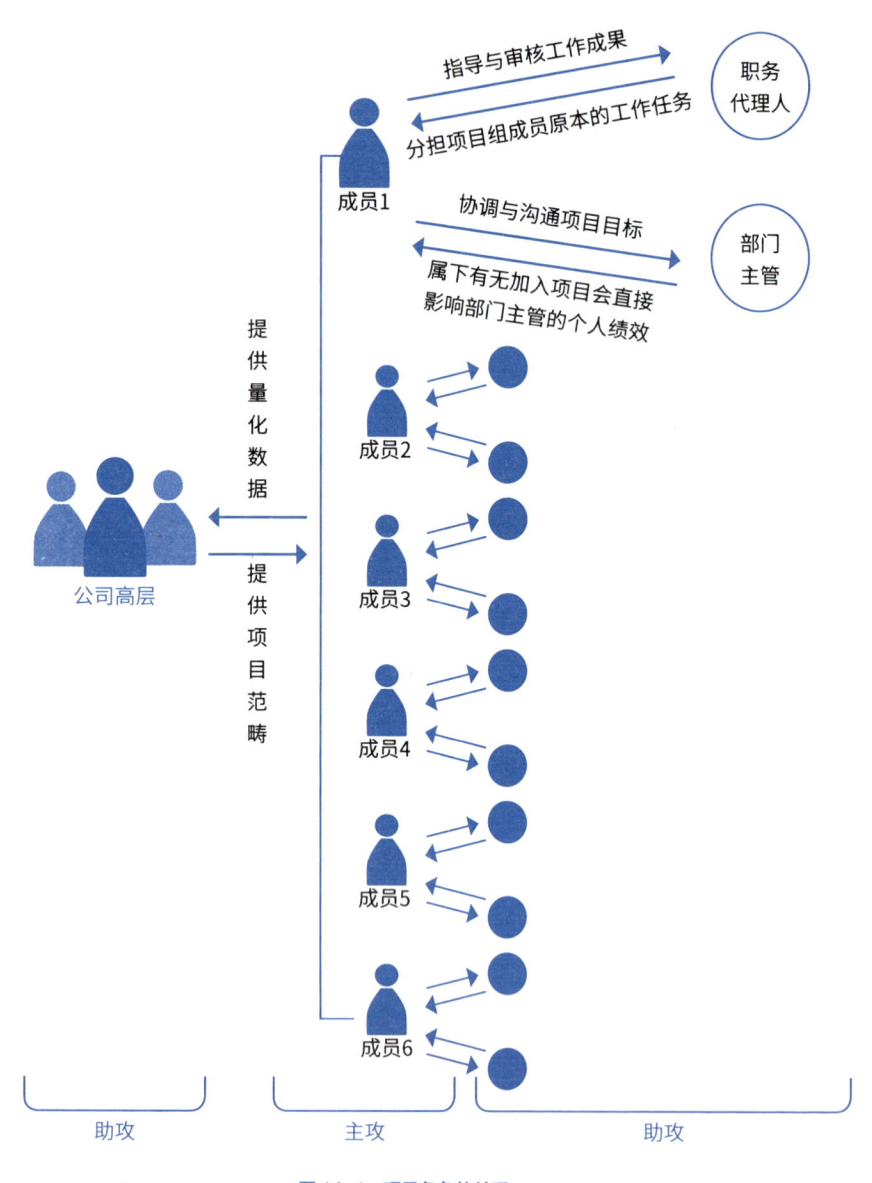

图 14-1　项目角色的关系

这才是在项目团队组建方面,

真正有利于项目执行、推动,

并且极具价值的项目思维。

团队组建的两大问题,见表14-2。

表14-2 团队组建的两大问题

问题	郝哥的答案
何种成员适合加入项目?	"意愿"+"能力"
何种团队组合对项目有利?	"默契"最关键

课后练习

(1)试着以自己参与或主导过的项目为例,思考在组建项目团队的过程中,关于"意愿、能力和默契"三个方面,你是都兼顾到了,还是存在没有考虑到的地方。

(2)除了"意愿、能力和默契"之外,你觉得还有哪些重要因素会影响项目团队组建,以及未来项目的推动工作?